CÓMO DECIDIR

dinámica

Dr. Charles Foster

CÓMO DECIDIR

Javier Vergara Editor
GRUPO ZETA

Barcelona / Bogotá / Buenos Aires
Caracas / Madrid / México D.F.
Montevideo / Quito / Santiago de Chile

Título original
WHAT DO I DO NOW?

Edición original
Simon & Schuster

Traducción
Gerardo Gambolini

Diseño de tapa
Raquel Cané

Diseño de interior
Verónica Lemos

ISBN 950-15-2146-X

Impreso en la Argentina / Printed in Argentine
Depositado de acuerdo a la Ley 11.723

Esta edición se terminó de imprimir en
PRINTING BOOKS - General Díaz 1344
Avellaneda - Prov. de Buenos Aires - Argentina,
en el mes de febrero de 2001.

A mis maravillosas hijas,
Rachel y Hannah,
y al joven que habita en todos nosotros
y nos impulsa a emprender
cosas nuevas.

ÍNDICE

"NUNCA VOLVERÉ A TOMAR UNA MALA DECISIÓN"

Los ganadores se preocupan por tomar buenas decisiones. Cuando enfrentan una decisión importante, piensan en ello y trabajan a conciencia para determinar qué es lo que más les conviene.

Los perdedores toman decisiones de la misma manera que un corcho en el océano decide el rumbo que va a seguir. Están completamente a merced de las fuerzas azarosas que los rodean.

El mero hecho de tener este libro en sus manos significa que usted es un ganador. No importa que le haya costado tomar decisiones en el pasado. No importa que haya tomado quizás algunas decisiones desacertadas. No importa si en este momento encuentra difícil tomar una decisión en particular.

Todo lo que importa es que sepa que existe eso llamado "tomar buenas decisiones" y que eso es algo que a usted le interesa mucho.

No importa qué debe decidir, usted tiene en su interior, en este preciso instante, todo lo que hace falta para ser una

> ***No importa qué debe decidir, usted tiene en su interior, en este preciso instante, todo lo que hace falta para ser una de esas personas que toman buenas decisiones de una manera fácil, rápida y segura. Sólo necesita que le ayuden a ver cuáles son las cosas importantes a las que debe prestar atención.***

de esas personas que toman buenas decisiones de una manera fácil, rápida y segura. Sólo necesita que le ayuden a ver cuáles son las cosas importantes a las que debe prestar atención.

Si es así, tengo importantes noticias para darle, cualquiera sea la naturaleza de su decisión: dejar un trabajo o empezar una nueva carrera; terminar una relación o asumir un compromiso con una nueva persona; montar un nuevo negocio; resolver si montar ese negocio en Topeka o en Tashkent; tener un bebé; llevar a un pariente a un geriátrico empezar un tratamiento de fertilidad; someterse a una operación de cirugía plástica; ocuparse de un hijo con problemas; jubilarse; mudarse; compartir gastos con una hermana en una cabaña a orillas de un lago. Cualquier cosa.

Es más fácil de lo que piensa

Yo soy exactamente igual a usted. En mis comienzos, a mí también me costaba muchísimo tomar decisiones. Con frecuencia me hallaba lleno de dudas y confusión. El miedo a tomar una mala decisión a menudo me deprimía o llegaba a paralizarme. Me era difícil confiar en mi propio criterio para determinar lo que más me convenía hacer.

Para empeorar las cosas, veía que existía ese selecto grupo de personas que sistemáticamente tomaban buenas decisiones de manera rápida y fácil. Me daba envidia, y me sentía mal conmigo mismo por debatirme del modo en que lo hacía.

Supongo que podría haberme quedado estancado así para siempre, sintiendo que a mí las cosas me costaban mientras que otros sencillamente se abrían camino. Pero tuve suerte. Sucedió casualmente que hace unos veinticinco años comenzaron a llegar pacientes que querían verme para que les ayudase con las decisiones que debían tomar. Les pasaba lo mismo que a mí, pese a tratarse de gente experimentada y lista. Para ser honesto, me impacientaba con ellos del mismo modo en que me impacientaba conmigo. "No debería ser tan difícil para nosotros tomar buenas decisiones", pensaba.

Resolví dedicarme a descubrir qué ingredientes componían las buenas decisiones. ¿La inteligencia, acaso? ¿Algún misterioso "talento para decidir"? ¿Qué era?

Descubriendo secretos

Empeñado en determinar cuáles eran esos ingredientes, me topé con mucha gente que regularmente, una y otra vez, tomaba buenas decisiones, y gente que regularmente, una y otra vez, tomaba malas decisiones. ¿Cuál era la diferencia entre unos y otros? ¿Qué podíamos aprender que pudiera ayudar a la gente a sentirse segura de estar tomando mejores decisiones de manera más rápida?

Con el paso de los años, las respuestas empezaron a llegar. Entre otras cosas, seguimos específicamente a dos grupos de personas de distintas profesiones y condición social: 29 hombres y mujeres que casi siempre tomaban malas decisiones y 34 hombres y mujeres que casi siempre tomaban decisiones acertadas. Durante doce años registramos todas las decisiones que tomaron y de qué modo lo hicieron. Tomando cada persona aproximadamente una decisión importante por año, tuve el privilegio de presenciar la concepción y el nacimiento de unas 750 decisiones. Y vi los resultados.

Antes de analizarlos, estaba preparado para las malas noticias. Suponía que la gente que tomaba buenas decisiones seguiría algún procedimiento riguroso y complicado que le garantizaba buenos resultados, como la gente que cultiva jardines perfectos. Por supuesto, valdría la pena desentrañar ese procedimiento, pero aquello no me hacía gracia cuando pensaba en lo complejo que debía ser el mismo.

Una cosa me daba esperanza. Conocía a algunas personas realmente inteligentes y cultas que no reconocerían una buena decisión aunque la misma se presentase y les mordiera el trasero. Y conocía gente que, digamos, no parecía particularmente lista ni instruida y que, sin embargo, con la confianza y la facilidad de un arquero Zen, podía acertar una y otra vez a una buena decisión.

Quizás un procedimiento complejo no fuera la respuesta, después de todo.

Es fácil hacerlo bien

En efecto, no lo era. Lo que descubrí fue sorprendente y estimulante. Cuando se trata del tipo de decisiones que a usted y a mí nos cuestan, no hay ningún procedimiento complejo que sea necesario dominar. No hace falta ser un genio. No hace falta ir a Harvard. No hace falta un talento especial, como ponerse un pie detrás de la cabeza. Ni siquiera hacen falta lápiz y papel para hacer listas detalladas de pros y contras.

La gente que toma buenas decisiones sigue un conjunto de leyes sencillas. Nada complicado. Sólo algunas pautas de sentido común que sirven para generar buenas decisiones. Son la clase de normas que forman parte de nuestro bagaje natural, el suyo y el mío. Las conocemos bien. Todo el mundo las conoce en algún nivel.

¿La diferencia entre los buenos y los malos tomadores de decisiones? Los segundos olvidan o ignoran esas leyes. Los primeros confían en esas leyes que de alguna manera ya forman parte de ellos.

Esto significa algo revolucionario en lo que a usted respecta. Significa que...

Usted es uno de los más grandes tomadores de decisiones del mundo.

Usted es uno de los más grandes tomadores de decisiones del mundo.

En este mismo momento usted tiene todo lo que necesita para tomar buenas decisiones. Todo lo que necesita es ser usted mismo. La realidad es que usted está naturalmente diseñado para tomar buenas decisiones. Aunque somos más débiles y lentos que otros animales, nuestra ventaja está en que podemos encontrar opciones y elegir la mejor. Si no hubiéramos sido capaces de hacer eso cuando vestíamos pieles de leopardo y llevábamos garrotes, nos habríamos extinguido. De manera que sus instintos son buenos. Aun si al mirar atrás se siente mal por haber hecho algunas elecciones incorrectas. Aun si al enfrentar ahora una decisión importante se siente asustado y abrumado. El temor a tomar una decisión es normal. No importa lo listo que uno sea, no hay nada más efectivo para que una persona lista se sienta tonta que tener que tomar una decisión que puede cambiar totalmente el rumbo de su vida.

Ese momento de decisión encierra un enorme potencial. Uno tiene el futuro en sus manos. Las cosas pueden salir muy bien, pero también pueden salir muy mal.

Esperanzas y miedos. Pros y contras. ¡Qué rápido nos sentimos abrumados! Cuando uno debe enfrentar una decisión importante, a veces se siente como un concursante en un programa de la televisión. Si uno da la respuesta equivocada, puede perderlo todo. Si uno da la respuesta correcta, podrá ganarlo todo.

Ayuda real para gente real

Las 30 leyes que tiene en sus manos en este instante son toda la ayuda que necesita. Son las leyes que la gente del mundo real sigue cada día cuando toma con éxito la clase de decisiones importantes, serias y complejas que todos debemos tomar de tanto en tanto. No importa cuáles sean sus antecedentes, ahora usted también puede ser una de esas personas que confían en sí mismas para tomar excelentes decisiones.

Siempre seguimos leyes o reglas internas de alguna clase en todo lo que hacemos. Por ejemplo, cuando uno va conduciendo por la autopista y ve que adelante el tráfico baja la velocidad, puede seguir la regla de "Ponte siempre al carril que avanza más rápido", o puede seguir la regla de "Quédate en tu carril y ahórrate la tensión".

En cada aspecto de la vida, siempre nos gusta saber cuáles son las mejores reglas generales a seguir. El objetivo de este libro es brindarle las mejores reglas a seguir cuando se trate tomar decisiones importantes para su vida.

A partir de ahora siempre sabrá qué es lo más conveniente

Éstos son los secretos de los buenos tomadores de decisiones, aunque sean famosos o conocidos como tales sólo por su familia y sus amigos. No importa cuáles sean sus antecedentes, estos secretos lo situarán en ese privilegiado 10 por ciento de los tomadores de decisiones exitosos.

¿Por qué 30 leyes? Porque son ésas las que hay.

Hay miles de máximas y refranes dando vueltas por ahí. Algunos son inútiles, por ejemplo, "Nunca tomes decisiones un viernes". Otros son confusos, como "Si es bueno para ti, te darás cuenta". Y hay muchos que causarán problemas, como "Imagina lo que harías y haz exactamente lo contrario".

¿Qué hace especiales a estas 30 leyes? Que funcionan.

Estas leyes son las que cotidianamente emplea la gente que enfrenta elecciones importantes y difíciles.

Estas leyes funcionan en el contexto de nuestra vida real cuando estamos ocupados, confundidos, distraídos; cuando postergar la decisión es demasiado fácil; cuando parece que todos los que nos conocen nos dan consejos contradictorios; cuando sentimos que no hay nadie a quien podamos recurrir.

Estas leyes funcionan porque son leyes universales, cualquiera sea el carácter de la decisión que se debe tomar.

Y estas leyes funcionan porque son sólidas, no sofisticadas. Las leyes que permitan a la gente tomar buenas decisiones deben funcionar con gente imperfecta y falible como usted y como yo. Ésa es la gran noticia. Usted no necesita ser brillante. No necesita ser un genio para especular. En tanto ponga su empeño utilizando las herramientas adecuadas, no necesita hacer más. Créame, eso es más que suficiente.

¿Qué indican las 30 leyes? Creo que estará de acuerdo, cuando las vea, en que revelan tres principios generales. Cuando las use, usted estará siguiendo esos principios:

- La prudencia es una virtud. Los grandes tomadores de decisiones son prudentes. Puede que no usen zapatos discretos, pero hacen cosas sensatas.
- La acción es mejor que la inacción. Los grandes tomadores de decisiones quizá miren antes de saltar, pero saltan. Esperaba observar más tácticas dilatorias de las que vi entre quienes toman las mejores

decisiones. Pero ellos saben que aplazar, demorar o eludir no es conveniente para nadie.

- Las decisiones existen para hacer que las cosas sean fantásticas. Los grandes tomadores de decisiones prefieren evitar los problemas al igual que el resto de nosotros, pero entienden que básicamente uno toma decisiones para hacer que su vida sea estupendaa. Es tan fácil tomar una buena decisión como tomar una decisión mediocre.

¿Qué tipo de leyes son? Son leyes intuitivas. Tal vez ése sea el punto más importante. Estas leyes no implican aprender algo difícil que uno jamás supo antes, sino redescubrir lo que uno ya sabe pero que muy a menudo olvida.

Compruébelo. Al leer cada ley, advierta qué familiar suena. Relaciónela con lecciones que ya ha aprendido. Piense en las ocasiones en que aplicó con éxito esa ley en el pasado.

Los grandes tomadores de decisiones son iguales a usted. Ellos también han tenido su cuota de malas decisiones, también pasaron mucho tiempo luchando ante decisiones difíciles y también tienen que descubrir cosas por sí mismos cometiendo errores. Y ellos también son impulsivos.

Esto significa una revelación sorprendente. Esos grandes tomadores de decisiones no son "ellos": es usted.

Uno no se convierte en alguien que toma buenas decisiones por "aprender" esas leyes. Uno se convierte en el gran tomador de decisiones que es capaz de ser por recordar esas leyes y sacarse toda la basura de la cabeza.

Lea estas 30 leyes; le apuesto que tendrá la sensación de reencontrarse con verdades de la vida que forman parte de su bagaje básico de nociones desde hace mucho.

Elegir un amor

Yo era adolescente cuando tomé la decisión más importante de mi vida; hay una lección para todos nosotros en esta historia.

Era el verano entre mi primer y mi segundo año de la universidad. Estaba viviendo en mi primer apartamento, en el East Village de Manhattan. Y tenía una novia que había ido a México a pasar el verano. Me sentía muy a gusto con mi vida.

Entonces conocí a la mujer que se convertiría en mi esposa. Entró a la biblioteca donde yo estaba trabajando y en el acto despertó mi interés porque era hermosa y porque pidió documentación sobre universidades que tuvieran buenos programas de filosofía. Yo era estudiante de filosofía.

Sintonizamos de inmediato. A los pocos días éramos inseparables. Había algo especial entre nosotros, algo que excedía todos mis sueños.

Nos conocimos en julio. En noviembre, un día antes de cumplir mis 19 años, nos casamos. Ésa fue mi gran decisión: asumir un compromiso con aquella mujer en un momento de mi vida en que hacer eso no tenía ningún sentido lógico. Podría haberme pasado años y años saliendo y divirtiéndome hasta dar con la mujer "perfecta".

Ése es el punto. Sencillamente sentí que, por mucho que buscase, jamás encontraría a nadie mejor. Ésa no era una decisión obvia. Los jóvenes como yo, los jóvenes de mi edad, no se decían "Nunca harás algo mejor que esto". Lo que nos decíamos era "Sí, esta chica es genial, pero eres demasiado joven para comprometerte y acaso encuentres a alguien mejor".

Una parte de mí se preguntaba si no estaría cometiendo un error al comprometerme tan pronto. Pero en realidad yo estaba muy seguro. Tenía una simple y sencilla noción en mi cabeza: si uno encuentra una persona inteligente y hermosa y buena a la que le gusta lo que a uno te gusta, no deja pasar la ocasión.

Casi todo lo bueno que me ocurrió en la vida es consecuencia de esa decisión. Se supone que los matrimonios adolescentes no funcionan —y habitualmente es así—, pero el mío funcionó. Treinta y cinco años después, seguimos juntos y tan felices como siempre. He tenido infinitos momentos de gratitud, pero jamás un momento de queja.

Me sobresalta pensar con qué facilidad podría haber errado mi decisión.

La moraleja de mi historia es ésta: yo era tan ignorante e inexperto como cualquier otro joven de 18 años. Pero aun así, tenía todo lo que hace falta para tomar una buena decisión. No era ni suerte ni talento. Las cosas funcionaron porque intuitivamente me permití seguir leyes que ahora sé que todo el mundo sigue cuando toma la mejor decisión.

A veces, por supuesto, nos distraemos o nos confundimos, y por eso tenemos nuestra cuota de malas decisiones. Y algunos de nosotros sentimos incluso haber cumplido esa cuota en exceso.

No sorprende que las decisiones importantes nos asusten. Las malas decisiones tomadas en el pasado nos hacen pensar que seguiremos andando el mismo camino.

Hemos perdido la confianza en nosotros mismos. Y esa pérdida es la peor de todas.

Cuando la buena gente hace malas elecciones:

Recuperar confianza en sí misma

Boston es una ciudad famosa por sus doctores, y Mike es uno de los mejores. Si yo tuviera que someterme a una operación cardiaca, me confiaría a alguien como Mike. Un médico anestesista que trabajó con él me dijo, "Cuando Mike suda es que las cosas van mal. Eso sucede en las operaciones a corazón abierto. El truco es enfrentar las cosas que van mal. Jamás vi a Mike indeciso cuando eso ocurre."

Afuera de la sala de operaciones, la historia es completamente distinta. Cuando se quita los guantes de goma, ese hombre de una confianza casi divina se convierte en un hombre con nervios de gelatina. Mike piensa que tiene una buena razón para ser tan miedoso. Cree que toda decisión no médica que tomó en su vida ha sido mala. Cree que él es alguien que compra un coche justo antes de que Defensa del Consumidor publique un comunicado diciendo que ese coche no pasó las pruebas de choques.

Para alguien que ha ganado mucho dinero, Mike no tiene gran cosa que mostrar. Ha perdido la mayor parte del mismo siguiendo malos consejos de inversión y pagando la manutención de sus ex esposas y de sus hijos. Estoy seguro de que Mike contribuyó a sus problemas de pareja, pero las mujeres que eligió no eran las apropiadas para él. Todos sus amigos se lo dijeron, y tenían razón.

Y Mike hizo un montón de malas elecciones profesionales. Sí, en efecto, él tiene una gran reputación, pero no recibió los nombramientos académicos ni las subvenciones para investigación que habrían hecho de él el médico mundialmente famoso que podría haber sido.

Ahora acaban de ofrecerle un empleo en un organismo patrocinado por la Organización Mundial de la Salud, para capacitar a médicos del tercer mundo en técnicas quirúrgicas avanzadas. A Mike le encantaría hacerlo, ya que podría reportarle el tipo de nombramiento académico que siempre ha deseado.

Pero quizá pierda esa oportunidad. Ha tomado tantas decisiones malas en el pasado que ahora le da miedo elegir. El hecho de que todos los signos sean favorables no significa nada para él. En realidad, está a un paso de convertirse en el Sr. Contreras: uno de esos individuos que sólo pueden confiar en sí mismos si hacen lo contrario de lo que creen que deberían hacer.

¿Usted es como Mike? ¿Aun cuando sea competente en un aspecto de la vida, le falta confianza en usted mismo cuando debe tomar decisiones?

A todo el mundo le gustaría poder decir, "Sí, algunas decisiones son más difíciles de resolver que otras, pero en términos generales puedo confiar en mí para tomar decisiones realmente buenas". Este libro se escribió específica-mente para ayudarlo a recuperar su autoconfianza.

Usando estas leyes como guía, usted podrá llevarse el premio mayor: hacer una buena elección sí, lograr una buena vida, seguro, pero, sobre todo, capturar esa sensación de confianza en usted mismo necesaria para tomar decisiones.

Cómo usar este libro

Digamos que usted enfrenta una decisión importante. Use las 30 leyes como planilla mental de control. Repáselas en orden, dejando que cada una haga en usted su debido efecto. Cada ley alumbrará con un potente reflector lo mejor que usted puede hacer. Puede ser que alumbre una opción que usted ha considerado, o tal vez una opción completamente nueva.

Las 10 primeras leyes están presentadas en orden de importancia. La Ley n° 1 es la primera porque es la más importante. Eso significa que debe tener el peso mayor. La Ley n° 2 es la segunda en importancia, etcétera. En conjunto, las 10 primeras son las 10 más importantes. Las 20 leyes restantes son iguales en importancia. Usted es el juez final en cuanto a cuáles son más valiosas en su caso personal.

La mayoría de la gente usa las 30 leyes para algo más que tomar una decisión importante y perentoria. También las usa para volver a construir su propia imagen de persona que toma decisiones acertadas. Cada vez que usted lee una ley, está creciendo como tomador de decisiones. De modo que siga repasándolas a la hora de dormir, en el cuarto de baño, mientras espera un avión. Úselas toda la vida como apoyo, inspiración y guía. Son su pasaporte para un futuro mejor.

¿De qué está hecho su futuro?

Su futuro está hecho de decisiones. El buen futuro está hecho de buenas decisiones. ¿Qué otra cosa, si no, hace que alguna gente lleve una buena vida? ¿Suerte? La suerte viene y va. ¿Talento? El mundo está lleno de gente que tiene muchísimo talento y que lleva una vida infeliz. No, la gente lleva una buena vida porque toma buenas decisiones.

La realidad es que sólo un par de buenas decisiones nos separan de un futuro mejor. Sólo tiene que hacerlo paso a paso. Su vida está hecha de todas las cosas a las que usted dice sí y de todas las cosas a las que usted dice no. Cada sí y cada no es una decisión. Un hábil sí a su mejor opción o un valiente no a una opción tentadora pero inconveniente, pueden hacer que un sueño se convierta en realidad.

Es verdad que las personas de éxito que usted conoce han decidido su camino para alcanzar tal éxito. Y que un par de decisiones correctas en el momento adecuado pueden lanzar su vida a producir un cambio espectacular. Pero el mayor beneficio de tomar buenas decisiones no es el éxito, es la felicidad. Eso es lo que brinda un historial de buenas decisiones: una vida que sea como usted quiere que sea, que esté libre de problemas, que trabaje para usted, que lo haga feliz.

Ley n° 1

CONCÉNTRESE EN LO MÁS IMPORTANTE

¿Está usted poniendo el acento en la cuestión más importante?

La gente siempre me pregunta, "De acuerdo, hay treinta leyes pero, ¿hay acaso una que sea más importante que las otras?"

La respuesta es que la ley más importante es aquélla que usted más necesita recordar cuando enfrenta una decisión específica. Pero la ley esencial para iluminar con rapidez aquello que más le conviene hacer es concentrarse en lo más importante.

Al margen de su eficacia, esta ley tiene muchísimo sentido común. Ahí está usted, tratando de determinar lo más conveniente para su vida. Está eligiendo entre un par de opciones, y sopesa muchos, muchos factores mientras piensa qué debe hacer. Usted tiene una larga lista de pros y contras. Y está abrumado y confundido.

Esta ley dice que en todas las cosas que usted está calculando y balanceando, hay un factor, una consideración, un objetivo, una cuestión, un algo que es verdaderamente lo más importante. Que es claramente lo más importante. Que es abrumadoramente lo más importante.

Ahí está usted, calculando y balanceando. La ley dice: termina con eso. Dice: ¡Eh, estás complicando demasiado las cosas! Peor aún, estás olvidando lo más importante. O si no lo estás olvidando, te estás olvidando de concederle todo el peso que se merece. ¿Cuánto peso es ése? Mucho más que el de cualquier otra cosa.

Ésa es la clave. Subrayar lo más importante, minimizar todo lo demás.

Un dilema clásico: usted está en una barca, y su hijo pequeño y su perro caen al agua. ¿A quién salva primero? A su hijo. Usted no se pone a calcular las complejidades del exacto valor relativo del niño y del perro que tiene desde hace años. Usted simplemente salva al niño.

Bueno, en cada situación y en cada elección hay algo que es lo más importante; la buena decisión de la que usted es capaz comienza con asegurarse de encontrarlo y de darle su lugar. Deje que la cuestión más importante haga valer su peso específico y domine sus otras consideraciones.

Concentrarse en lo más importante es un concepto sencillo, y con certeza mejorará su capacidad para tomar decisiones. Ponerlo en práctica es mucho más fácil de lo que usted se imagina.

Quizás usted se pregunte, "¿Cómo podré saber qué es lo más importante cuando tome una decisión?"

Déjeme contarle un secreto. La gente que toma buenas decisiones no se queda sentada dándole vueltas a la cuestión; cualquiera podría volverse loco de esa manera. En vez de eso, esas personas simplemente recuerdan tomar distancia de la urgencia del momento y se preguntan qué es lo más importante. Cualquiera sea la respuesta que se les ocurra, se aseguran de que tenga un peso crucial en su decisión. No toman buenas decisiones por haber encontrado una respuesta brillante, perfecta. Toman buenas decisiones porque recuerdan hacerse la pregunta sobre "lo más importante".

Una nueva vida

Bob estaba a punto de graduarse en administración de empresas. A los 37 años, era mayor que casi todos sus compañeros de estudio y tenía mucha experiencia acumulada. Lamentablemente, gran parte de su experiencia había consistido en probar penosamente diferentes empleos que no le gustaban. La escuela de administración era una forma de empujarse a hacer algo que le importaba y que encontraba interesante.

A Bob se le presentaban algunas opciones bastante buenas para el momento de su graduación. La número uno en su lista era asociarse con un amigo para poner en marcha una empresa relacionada con Internet. Tenía que ver con proporcionar a la gente información médica personalizada, con vínculos con sus médicos y otra gente que tuviera ayuda o productos para ofrecer. Su amigo ya había realizado gran parte del trabajo, organizando un plan y diseñando el negocio. Bob sería el director operativo: la persona encargada del manejo concreto y cotidiano de la empresa.

Bob siempre había querido montar un negocio. También quería tener un socio. El plan le gustaba. Y la posibilidad de pasar de cero a 60 millones en once meses era tentadora.

Pero tenía reparos. No estaba seguro de si se llevaría bien con su socio. El plan tenía algunos defectos, como el no prestar suficiente atención a la fuerte competencia. Y a Bob no le interesaba en realidad lo que estaría haciendo de hecho, que básicamente sería instalar una biblioteca de referencia médica en línea.

El padre de Bob, un hábil hombre de negocios, le había dicho "Nunca más serás joven y todavía no tienes hijos, así que es el momento de iniciar un negocio. Si no lo haces ahora, no lo harás nunca".

La frase "Si no lo haces ahora, no lo harás nunca" ha condenado al fracaso a millones de personas. Es cierto que el sentido de la oportunidad es terriblemente importante. Y que hay oportunidades que uno debe aprovechar o las pierde para siempre. Pero muy pocas veces el momento oportuno es lo más importante. Importante, sí. Lo más importante, casi nunca. Gracias a Dios, Bob recordó preguntarse qué era realmente lo más importante.

Recordó cómo se había sentido probando en aquellos trabajos que no le interesaban. Había sentido que estaba muriendo en su interior. Ciertamente no hay posibilidad de que la vida sea maravillosa a menos que uno haga lo que desea. Por supuesto era difícil estar seguro. El dinero siempre es importante. El éxito hace que uno se sienta bien y siempre existe la posibilidad de transformarlo en un éxito mayor, así que es importante. Pero mientras pensaba en ello, sintió que lo más importante era hacer algo que realmente le interesase.

Así, recordando que debía formularse esa pregunta, Bob encontró una respuesta que le pareció correcta; entonces, dejó que esa respuesta guiara su decisión.

Dijo no a la tentadora oportunidad que tenía a su alcance y dijo sí a un empleo más modesto como director de un programa experimental de empresas en zonas rurales del norte del estado de Nueva York, que proporcionaba capital inicial, capacitación y apoyo a gente de poblaciones pequeñas que deseaba montar su propia pequeña empresa. No ganaría mucho dinero, pero ese trabajo era algo que a Bob verdaderamente le interesaba; cada día estaría lleno de actividades que le gustaban, desde ayudar a la gente directamente hasta hablar con líderes empresariales para aportar recursos a la región.

¿Una buena decisión? Una excelente decisión. Un año más tarde, Bob era feliz. Tenía ahora una sensación de paz interior —exactamente lo que había estado buscando— y sentía que podía dedicarse para siempre a ese trabajo. La empresa de Internet —se enteró más tarde Bob— nunca pudo despegar del todo. Tal vez habría prosperado si él hubiese participado en ella. Tal vez se habría hecho rico. Tal vez habría encontrado otro negocio de Internet en el cual engancharse.

Pero quienes toman buenas decisiones no socavan su éxito fantaseando sobre las alternativas que los habrían hecho más exitosos. Eso no es más que una forma de volverse desdichado. La vara de medición es lo bien que uno se siente con la decisión que ha tomado.

Qué significa esto para usted

En cada decisión importante y difícil que toma cada uno, se empieza mirando en la oscuridad. Si todo fuera claro, no habría nada a lo cual darle tantas vueltas. Por eso cuesta llegar a una decisión importante sin una lucha emocional interior, sin sudar frío.

Pero preguntándose qué es lo más importante, confiando en la respuesta encontrada y permitiendo que esa respuesta tenga un peso crucial en la decisión que tome, usted estará jugando todos los triunfos para ser feliz.

Simplemente hable con gente arrepentida de su historia. "Si yo sólo hubiera..."

"¿Por qué no lo hizo?", pregunte a cada una de esas personas. Escuche las respuestas. Todas se reducirán a no haber prestado atención a lo que era más importante para ellas.

Si no salta ante sus ojos

Usted puede decir, "¿Pero cómo reconoceré lo más importante cuando lo vea?" Buena pregunta. Usted podría preguntarse si buscar lo más importante no es una fórmula para aplazar eternamente la cuestión.

Pero se trata de una ley sencilla de aplicar. Si usted recuerda preguntarse qué es lo más importante —y si se niega a aceptar que alguien le ofrezca una respuesta ajena a esa cuestión absolutamente personal— las cosas le saldrán bien. Usted gana cuando se hace la pregunta, no cuando espera hasta encontrar la respuesta perfecta.

Cuando preguntaba a la gente cómo sabía que había dado con lo más importante, las respuestas se encuadraban en seis categorías. Si lo que usted cree que es lo más importante cae dentro de alguna de estas seis categorías, probablemente ha dado en el clavo:

- Es algo que hará su vida maravillosa. Una mujer debía decidirse si se casaría con un hombre que vivía en un gran rancho en Oklahoma. Tendría dinero, caballos, espacios abiertos. En palabras de ella, "Tenía algunos reparos, pero el hecho era que tenía la oportunidad de algo maravilloso". Nada es más importante que la posibilidad de hacer la vida maravillosa. (En tanto sea algo maravilloso lo que uno realmente quiere.)
- O es algo que le permitirá asumir su responsabilidad más importante. No se siente a beber en su camarote mientras el primer oficial guía su superpetrolero en medio de los icebergs, como hizo el capitán Joseph Hazelwood con el *Exxon Valdez*. Normalmente la gente no olvida por completo su responsabilidad más importante, pero a menudo comete el error de ponerla en el mismo nivel que las otras cosas. Su responsabilidad más importante debe pesar 100 veces más en la balanza.
- O es algo que le posibilitará resolver su mayor problema. Muchas veces tomamos una decisión particular porque resuelve un problema circunstancial. Un sujeto inmaduro se embarcó en una costosa gira de un mes por Europa, dejando en suspenso su empresa de construcción porque estaba cansado y necesitaba un respiro. Pero ése no era su mayor problema. El hombre se jubilaría en poco tiempo y no tenía ningún dinero ahorrado. Su mayor problema era que

necesitaba ahorros. Pero no podía ver más allá de su urgente deseo de tomarse unas vacaciones. Si tan sólo hubiera dicho "Sí, estoy agotado pero, ¿es ése mi mayor problema cuando miro en conjunto mi vida?" habría tomado una mejor decisión. Nada es más importante que resolver el que realmente sea su mayor problema.

- O es algo que enfrentará un hecho crónico y serio que usted hasta ahora no quiso aceptar. Una mujer trataba de decidir si continuar con su mediocre matrimonio hasta volverse una adicta a la televisión. Su esposo era un holgazán. Ella llevaba veinte años esperando y deseando que él cambiara. El hecho era que el marido no podía ni quería cambiar. Una vez que ella aceptó eso, la decisión de dejarlo llegó naturalmente. ¿Qué es más importante que asumir la realidad?
- O es algo que encaja con quien usted es realmente. Una mujer de 35 años con un empleo de alto nivel en Wall Street venía lidiando con la cuestión de si tener hijos o no. Cuando en menos de tres años sus hermanas menores y sus mejores amigas de la universidad se convirtieron en madres, comenzó a sonar la alarma. "¿Por qué quieres tener hijos?", le preguntaban. "Porque tengo treinta y cinco años y toda la gente que conozco tiene hijos, y porque si espero mucho más tiempo será muy tarde", respondía. Pero, ¿qué era allí lo más importante? Al indagar un poco más, la mujer admitía ser insensible y no tener paciencia con los niños, que no le interesaban en absoluto. Lo más importante era que ella aceptase quién

era realmente. Al comprender cuál es el temperamento necesario para criar hijos, reconoció que la mejor decisión para ella era no tenerlos. ¿Qué es más importante que ser fiel a quien usted es realmente?

- O es algo que encerrará el verdadero sentido de su vida. ¿Qué importa más que el sentido de su vida? Si usted toma decisiones que ignoren la causa por la que cree que está en esta tierra, a la larga sentirá haber tomado las decisiones equivocadas, pero si toma cada decisión teniendo presente el sentido de su vida, tomará las decisiones correctas.

Ser fiel al sentido de su vida es la más importante de todas las cosas importantes. Pero a veces uno no se da cuenta de lo que tiene hasta que se halla a punto de perderlo.

Cuando el futuro de un hombre y una nación estaban en juego

Esta historia habla de James Farmer, uno de los grandes líderes civiles y dirigente del Congreso de la Igualdad Racial creado en los tiempos del movimiento por los derechos civiles en la década de los sesenta. Farmer estuvo a punto de tomar una pésima decisión que habría lamentado el resto de su vida. Afortunadamente, a último momento, una joven le recordó qué era para él lo más importante.

Era la época de los Viajeros de la Libertad *(Freedom Riders)*, los jóvenes activistas que penetraban en el Sur profundo de

Estados Unidos. Los Viajeros recorrían el territorio en autobuses, tratando de eliminar la segregación en las estaciones de transporte y bares de comida, en el bastión mismo de una acérrima resistencia. Farmer organizaba y participaba en esos Viajes de la Libertad.

Al mismo tiempo, el padre de Farmer se estaba muriendo de cáncer. Cuando Farmer explicó a su padre el itinerario que cubrirían, éste le dijo, basado en su larga experiencia, "Bueno, quizá lo logres en las Carolinas. Puede incluso que lo logres en Georgia. Pero probablemente te matarán en Alabama; si no te matan allí, seguramente lo harán en Mississippi". El anciano sentía que estaba viendo a su hijo partir hacia la muerte mientras él mismo estaba muriendo.

Farmer partió con los Viajeros de la Libertad. Justo cuando estaban por entrar a Alabama, su padre falleció. Aquella no era una casualidad, pensó Farmer. Estaba seguro de que su padre había muerto intentando salvarle la vida. Sin dudas esperaba que, en ese momento tan peligroso del viaje, su hijo abandonaría a los Viajeros para asistir al funeral. Y él lo hizo.

¿Pero después qué? Un Viajero blanco que iba en el autobús en el que debería viajar Farmer resultó casi muerto. Ahora los Viajeros estaban por dejar Montgomery, Alabama, para dirigirse a Jacksonville, Mississippi.

Farmer dijo que no se uniría a los Viajeros en la última etapa del viaje. Adujo que en la oficina central de la organización se estaba apilando la correspondencia, que él hacía falta para manejar la información de prensa y que, después de la muerte de su padre, otra muerte en la familia sería demasiado.

Pero, como admitió más tarde, todas ésas eran excusas. El verdadero motivo era que estaba comprensiblemente asustado. Farmer fue a la estación a despedir a los Viajeros. Al estrecharle la mano a una joven miembro del Congreso, ella lo miró y le dijo, "Por favor, venga con nosotros".

La expresión de aquel rostro y la pasión que encerraba esa voz le hicieron cambiar de opinión; Farmer subió al autobús para unirse a aquella última e histórica etapa de los Viajes de la Libertad.

Fue golpeado, fue encarcelado. Pero no lo mataron, y encontró su lugar en la historia.

Veamos por qué ésa fue una buena decisión. ¿Fue buena porque Farmer tuvo suerte y no lo mataron? No. La suerte, buena o mala, no es lo que determina la calidad de una decisión.

Ésa fue una buena decisión porque a último momento, justo antes de que fuera demasiado tarde, Farmer recordó qué era lo más importante. Aquel momento era apenas el comienzo de una larga y trascendental lucha. No ir habría alejado a Farmer de los vientos de cambio que soplaban por toda la nación, habría sido equivalente a renunciar al movimiento.

El Dr. King tuvo un sueño para todos los norteamericanos. Farmer también tenía un sueño personal. Y ese sueño se habría desvanecido si él se hubiese negado a tomar parte en un momento excepcional y decisivo. Aceptar el riesgo de muerte era razonable cuando al hacerlo daba a su vida el sentido que él había estado buscando.

La lista de control para "lo más importante"

La lección de esta historia de James Farmer dice que es muy fácil perder de vista lo más importante. El mejor seguro contra eso es detenerse, analizar por qué usted está haciendo una elección en particular, y preguntarse siempre, "¿Es esto lo más importante? ¿O hay algo que lo es más?"

He aquí una lista de control para certificar que algo es "lo más importante"

- Es más probable que lo sea si es algo a largo plazo y no a corto plazo. "¿Cuándo empezó a andar mal mi vida?", se pregunta a veces la gente. Por lo general, eso no es el resultado de una decisión terriblemente mala o torpe. Más bien, la gente llega a ese punto por sustituir lo más importante por la necesidad del momento; por ejemplo, aceptar el empleo equivocado a cambio de dinero rápido, quizás, o casarse con la persona equivocada por miedo a no encontrar pareja en el futuro. Lo realmente más importante casi siempre es algo a largo plazo.
- Tendrá más que ver con lo que usted quiere y no con lo que quiere otra gente. Cuando la gente mira atrás con orgullo una larga serie de buenas decisiones, uno de los tópicos que surge una y otra vez es, "Todo el mundo me decía que... pero yo me escuché a mí mismo y..." La sabiduría y las necesidades de los demás son importantes y nunca deben ser ignoradas, pero al momento de preguntarse qué es lo más importante, usted debe escucharse a sí mismo.

- Es más probable que lo sea si se relaciona con sus esperanzas y no con sus miedos. La gente suele olvidar las cosas buenas que obtendrá de una buena decisión. Cuando hay un árbol, una escalera y una manzana, hay muchas cosas que pueden salir mal, pero por lo general es mejor subir y agarrar la manzana que dejarla allí y felicitarse por no haber caído. Usted no se habrá preguntado realmente qué es lo más importante si no pensó de verdad en las cosas buenas que puede obtener de su decisión.

En síntesis:

Lo más importante casi siempre tendrá que ver con lo que usted quiere para usted mismo, basado en sus esperanzas y sueños a largo plazo.

Lo más importante casi siempre tendrá que ver con lo que usted quiere para usted mismo, basado en sus esperanzas y sueños a largo plazo.

¿Cómo concentrarse en lo más importante?

Digamos que usted es una persona lista y, como James Farmer, se acuerda de preguntarse qué es lo más importante ante una decisión difícil. Y además, lo ve. Ahí está, frente a usted. "Pase lo que pase, no arruines este matrimonio" o "Estuviste trabajando toda tu vida para esto, no lo abandones ahora" o cualquier cosa que sea la más importante.

¿Qué hacer con ese valioso conocimiento?

Dejar que mande.

Es tan simple como eso. Todos tenemos un conjunto —o una maraña— de prioridades que tratamos de ordenar. Siempre hay muchas cosas que son importantes para nosotros. Pero, ¿quiere usted tomar buenas decisiones? Entonces, conceda a lo más importante más peso que al resto de las otras prioridades.

Estoy diciendo algo radical. Éste es uno de los secretos más profundos de la gente que toma buenas decisiones. Son gente inflexible en cuanto a deshacerse de todas las otras prioridades para hacer lugar a su prioridad principal. La gente que toma malas decisiones no parece comprenderlo. Se esfuerza mucho para dar cabida a todas sus prioridades, y así las malas decisiones se siguen sumando.

Para concentrarse en lo más importante, esté dispuesto, si es necesario, a desprenderse de todas las otras prioridades que le preocupan. Eso es lo hermoso de esta ley. Usted no tiene que ser un maestro en todo. Sólo encuentre lo más importante, concéntrese en eso, y no se equivocará.

NO DECIDA HASTA NO ESTAR PREPARADO

¿Por qué no darse más tiempo?

La tentación, cuando uno enfrenta una decisión difícil, es saltar y terminar la cuestión de una vez. Eso se llama actuar por impulso. Pero la gente que toma buenas decisiones sabe que uno nunca toma una decisión hasta que no esté preparado. Aun cuando sepa qué es lo mejor que puede hacer, no debe hacerlo hasta no estar seguro de que esté listo.

Heather, que estuvo los tres años últimos montando una compañía productora de televisión que está dando mucho que hablar, me contó en detalle todo el proceso de su decisión. Me dijo confidencialmente: "Yo sabía hace diez años que en algún momento dejaría mi trabajo para hacer algo por mi cuenta. Pero me pasé siete años esperando, recogiendo información, fortaleciendo mi autoconfianza. Déjame mostrarte algo".

Fue hasta su escritorio y sacó un diario personal con un candado, como el que uno supone que tiene una joven de quince años. Hojeó las primeras páginas hasta encontrar el párrafo que buscaba. Levantó la vista hacia mí. "Esto lo escribí hace casi diez años", me dijo, antes de leer en voz alta.

"Este trabajo es una porquería. Pero creo que cualquier trabajo sería una porquería. Simplemente no estoy hecha para trabajar para otra gente. Odio que me den órdenes. Me gusta hacer las cosas a mi manera. Supongo que tendré que montar mi propio negocio y ser mi propio jefe.

"En aquel momento creía haber tomado una decisión. Pero no lo había hecho. Sólo tuve una corazonada. Me llevó mucho tiempo convertir esa corazonada en una auténtica decisión."

El punto es que sólo debemos tomar una decisión cuando estamos preparados. La clave es estar listo, no la rapidez. Usted puede tomar una buena decisión increíblemente rápido si está listo. Heather esperó para poner en práctica su decisión porque aún no estaba preparada. Cuando hablamos de estar preparados, las historias de personas que deciden rápidamente nos confunden. Uno puede estar preparado rápidamente. O puede necesitar tiempo para ello. Pero es estar preparado, y no la rapidez, lo que confirma su decisión. Y eso significa tomarse su tiempo: no firmar nada, no comprometerse con nada, no quemar las naves, no hacer nada que lo ponga en marcha hasta que esté listo para recorrer la ruta.

La clave es estar preparado

En este momento, su mejor decisión podría ser no tomar ninguna decisión. O en todo caso, no todavía.

Si usted se siente como muchísima otra gente al enfrentar una decisión importante, probablemente le duela el estómago. La sensación de presión, de pánico incluso, puede volverse bastante intensa. Usted no sabe qué hacer, pero tiene esa angustiante sensación de que debe hacer algo. Lo que usted tiene, mi amigo, es pánico a las decisiones. Hay dos maneras de reaccionar que son malas. Una es seguir torturándose y sufrir, y la otra actuar impulsivamente. Montones de veces hacemos ambas cosas. Uno primero sufre y se tortura. Después, cuando se cansa de eso, actúa por impulso.

La presión para tomar una decisión puede llegar de cualquier parte. Una oferta laboral que cae sobre su escritorio. Ver cuánto dinero está ganando su cuñado. La persona con quien vive lo amenaza con irse si no se resuelven ciertos problemas de relación. Usted siente que tiene que decidir ya mismo. Pero su cabeza está a miles de kilómetros de tomar esa decisión. Usted está preocupado, distraído. No ha comenzado a pensar en aquello que necesita pensar. No está listo para decidir.

Si usted quiere tomar decisiones correctas, nunca decida sólo porque se siente presionado a hacerlo. Usted controla lo que hace y cuándo lo hace, y decide cuándo está preparado.

¿Cómo sabe cuándo está preparado? Veamos.

Matt y Vicki

Había sido una situación perfecta. Matt había crecido en el sur de Boston con su mejor amigo, Doug. Habían ido juntos a la universidad; cuando más tarde comenzaron a trabajar seguían siendo grandes compinches. Como si eso no fuera suficiente, cuando Matt se casó con Vicki, ésta presentó a Doug una joven con la que trabajaba, llamada Ally. Ally y Doug terminaron casándose, y Vicki y Ally se hicieron amigas íntimas. Querían que sus hijos crecieran juntos.

Entonces algo enturbió la armonía. La agencia publicitaria para la cual trabajaba Doug fue comprada por una agencia de Los Angeles, que le ofreció un puesto muy tentador. Pero tendría que mudarse a L.A. La oficina de Boston fue cerrada. Doug hizo todo lo posible para encontrar otro empleo publicitario conveniente en Boston, pero no había nada, y la de L.A. era la oferta de su vida: ganar mucho dinero trabajando para una de las agencias más importantes del país. Los cuatro estaban desconsolados ante la idea del alejamiento. De modo que Matt y Vicki prometieron a Doug y Ally que moverían cielo y tierra para hallar la forma de era ir a vivir a Los Angeles ellos también. Y en efecto, apenas partieron sus amigos se pusieron en campaña para ver posibilidades de trabajo y de vivienda. Ahí es cuando surgieron las dificultades. Matt trabajaba para el alcalde de la ciudad; era un puesto político importante, no se ganaba mucho, y Matt vio que sería muy difícil continuar en L.A. la carrera que había construido.

Matt y Vicki tenían una terrible sensación de presión. Viajaron a L.A. para ver casas y se dieron cuenta de que no podrían afrontar el gasto de vivir cerca de donde estaban Doug y Ally. Vicki resolvió entonces ver si podía conseguir un empleo para ella en L.A. que hiciera funcionar el plan.

Como maestra de preescolar, podía hallar trabajo, pero no el ingreso que produjera alguna diferencia.

Matt habló de cambiar de carrera, aunque eso implicara bajar un peldaño en la escalera. Había que tomar muchas decisiones si querían que aquello funcionase, y finalmente desistieron.

Un par de años más tarde, Matt vio que habían estado en peligro sin darse cuenta. Forzarse a decidir había significado obligarse a hacer cosas contrarias a su bienestar. Matt podría haber terminado fácilmente en la calle, arruinado y con resentimientos que hubieran dañado su amistad y quizá su propio matrimonio. Vicki lo sacó de la duda. Tras un agotador fin de semana de estar discutiendo cómo hacer funcionar todo aquello, Vicki dijo "Espera un poco. ¿Dónde está el incendio? Los dos queremos que esto se haga realidad, pero ¿por qué tanta prisa? ¿Quién dijo que tenemos que decidirlo ya mismo? ¿Por qué no darnos tiempo para ver el modo de que funcione?"

Usted está preparado cuando puede ver.

La clave está en lo que dijo Vicki. "Darnos un tiempo para ver." Ésa es la diferencia entre estar preparado y no estar preparado. Cuando usted no está preparado, no se ha dado tiempo para ver qué necesita para sentirse cómodo al avanzar con la decisión. Cuando lo ve, usted está preparado. En suma, no es una cuestión de tiempo por el tiempo mismo. Es una cuestión de tiempo para ver.

¿Para ver qué? Lo que usted necesite ver. Tal vez necesite ver cómo se siente. O en qué terminan algunos hechos.

O cuáles son algunas de sus opciones. O encontrar nuevas opciones.

¿Cuánto tiempo lleva todo esto? Darse tiempo para sentirse preparado no es perder el tiempo, en tanto usted siga descubriendo cosas. Dése un tiempo para ver: mientras siga viendo cosas que agregar al cuadro, no lo estará malgastando.

Por supuesto, es reconfortante saber que puede quitarse la presión de encima, pero es más que eso lo que puede lograr. Al no decidir hasta no estar preparado, usted estará dando los pasos necesarios para entrar en a las filas de los grandes tomadores de decisiones.

Un pequeño y sucio secreto

Los grandes tomadores de decisiones tienen un pequeño secreto algo sucio. Toman decisiones que a veces salen mal. Hacen elecciones que más tarde encuentran desacertadas. Más a menudo de lo que uno imaginaría. No hay manera de evitarlo. Uno no puede hacer siempre la jugada perfecta con elecciones que están cargadas de incertidumbre. De hecho, la gente que toma buenas decisiones corre más riesgo que el resto de los mortales de tomar una decisión imperfecta, y eso es así por dos motivos.

En primer lugar, la habilidad de esas personas las hace proclives a cargar con la responsabilidad de tomar muchas decisiones. Si usted toma muchas decisiones, no podrá evitar su cuota de yerros. Pregunte si no a Peter Lynch, de

Fidelity's Magellan. Él admitirá abiertamente, como lo hace en su libro *One Up on Wall Street*, que tomó muchas decisiones desacertadas en la compra y venta de acciones. Y sin embargo es, a todas luces, un excelente tomador de decisiones. Ha tomado tantas que consiguió que las buenas superasen ampliamente a las malas.

Y en segundo lugar, la habilidad de los grandes tomadores de decisiones hace que tarde o temprano tengan oportunidad de enfrentar decisiones realmente interesantes, aunque sea justamente en esos casos cuando se corre el riesgo mayor de equivocarse. A lo largo de la historia, por ejemplo, todas las aldeas han tenido su mujer sabia. La voz se corría: "Esa joven da buenos consejos", y por el respeto ganado, le planteaban decisiones a tomar cada vez más complicadas. Cuanto más dificiles fueran las decisiones a tomar, más probable sería que cometiese un error. ¿Y con eso qué? Ésa es la marca distintiva de los grandes tomadores de decisiones. Se meten con decisiones realmente importantes.

Piense un poco en esto. Usted y yo no estamos a salvo de cumplir con nuestra cuota de malas decisiones. Y cuantas más decisiones tomemos, más aumenta nuestro riesgo de decisiones equivocadas. Pero hay una cosa que podemos hacer para aumentar de inmediato el porcentaje de decisiones acertadas: tomar menos decisiones malas innecesarias.

Y no hay modo más simple, rápido y eficaz de reducir las malas decisiones que no decidir nunca antes de estar preparado. Usted puede mejorar su promedio sin tomar realmente mejores decisiones. Simplemente reduzca las malas, y su promedio de aciertos crecerá notablemente.

Tomarse tiempo no siempre significa tomarse *tiempo*

No se trata de tiempo. Tomarse mucho tiempo para decidir no es necesariamente prudente. Decidir con rapidez, incluso a veces de manera inmediata, no es necesariamente impulsivo.

Los agentes de policía, en particular los miembros de escuadrones acción rápida y otros grupos tácticos especiales, se entrenan, entre otras cosas, para responder a emboscadas en un escenario urbano. Avanzan por un laberinto especialmente diseñado de calles y edificios, mientras van apareciendo repentinamente figuras en puertas y ventanas. El agente tiene una fracción de segundo para disparar a la figura de un malhechor antes de que éste dispare contra él. Pero no todos los muñecos que aparecen son de malhechores. Algunos parecen malos pero no tienen ningún arma. Otros parecen inocentes pero llevan algo que parece un arma, y sin embargo no lo es. Y la que parece ser una madre con su bebé podría resultar ser una mujer con una metralleta Uzi.

Esto demuestra claramente la diferencia entre actuar por impulso y actuar rápidamente pero con la debida reflexión. Si usted es un policía en el escenario real de una ciudad, puede que alguien lo sobresalte o que lo asuste, pero si no es una amenaza real, usted no puede dispararle. Si es una amenaza, usted no puede fallar su disparo. En cualquiera de los casos, usted debe tomar esa medida extra de cuidado para mirar y pensar y evaluar en una fracción de segundo antes de estar listo para decidir.

Usted tiene que ver. En tanto haga eso, un segundo puede bastarle.

Qué significa estar preparado

La impulsividad se evita negándose a actuar hasta no estar preparado. ¿Cómo hace usted para estar preparado? Pregúntese qué necesita. No qué necesita otra gente, sino qué necesita usted verdaderamente para sentirse seguro, capaz y optimista. Sea lo que sea.

¿Ya lo sabe? Entonces está preparado.

El no decidir hasta no estar preparado se aplica a todo. Tomemos un ejemplo aparentemente trivial. Usted va caminando por una calle de la ciudad, gira en una esquina y de repente allí está, su momento de extremo peligro. Es una panadería nueva. Usted había oído algo acerca de ella, pero no esperaba encontrársela ahora. Los aromas amenazan atraparlo y arrastrarlo adentro.

¿Cómo hace para que su reacción no sea impulsiva sino deliberada?

Al igual que el policía, usted se permite un instante para ver qué necesita. Porque siempre es usted, no el peligro o la oportunidad del momento, quien debe dominar la situación. ¿Usted está a dieta? ¿Cuánto pensaba comer ese día, en todo caso? ¿Saldrá a cenar esa noche? ¿Pasará otra vez por ese lugar? ¿Puede entrar y limitarse a comprar una sola cosa?

Usted estará listo para entrar cuando sepa lo que necesita para sentirse seguro, capaz y optimista al hacerlo.

Haga que su vida sea a prueba de lamentos

Aunque le tome literalmente apenas quince segundos, no estará actuando por impulso si ve la verdad y se dice la verdad respecto de lo que está pasando realmente y de lo que usted realmente necesita.

He aquí un procedimiento sencillo para garantizarse antes de estar preparado. No decida hasta que pueda decir: "Aunque lo hubiese pensado mucho más tiempo, habría tomado la misma decisión".

Piense en eso: allí está su posibilidad de hacer que su vida sea a prueba de lamentos. Tal vez algunas de sus decisiones resulten en la práctica equivocadas, pero usted nunca andará diciéndose: "Por qué no me habré tomado un minuto para pensar..."

He aquí un procedimiento sencillo para garantizarse antes de estar preparado. No decida hasta que pueda decir: "Aunque lo hubiese pensado mucho más tiempo, habría tomado la misma decisión".

Deje que su propia experiencia determine la rapidez de sus movimientos. Sanford Weill, un extraordinario tomador de decisiones, se abrió camino en base a fusiones y una gestión eficaz hasta convertirse en cabeza del gigante financiero Citigroup. ¿Acaso él cree que no decidir hasta no estar listo es lo mismo que ir poco a poco? En absoluto. De hecho, Weill dice en la edición del *Wall*

Street Journal del 10 de agosto de 1999 que para hacer el trabajo de fusiones hace falta tomar decisiones más rápida, no más lentamente, de lo que normalmente uno haría. De otro modo, muchos accionistas se asustan y se confunden. El punto es que uno puede tomar decisiones de manera muy rápida y sin embargo dedicarles la debida reflexión.

Usted siempre supo que en el hecho de estar preparado hay algo que marca una gran diferencia. Ahora tiene todo el permiso de preguntarse si está preparado antes de avanzar en una decisión. La gente que toma buenas decisiones jamás decide hasta no sentirse totalmente lista.

BUSQUE TODAS LAS COSAS BUENAS QUE PUEDAN PASAR

¿Cuál es el mejor resultado que usted puede esperar?

Usted camina al costado de la carretera y ve algo que parece vagamente un cocodrilo. ¿Qué hace? Eso depende.

Tal vez usted se acerque demasiado, y lo que vio sea realmente un cocodrilo y le arranque un brazo de una dentellada. O quizás usted lo arruine todo sin darse cuenta porque da por sentado que es un cocodrilo cuando es en realidad una maleta llena de billetes de 100 dólares.

Ya sé, es un ejemplo descabellado, pero señala un punto sumamente importante: usted puede tomar una mala decisión porque lo que hace conduce al desastre, pero también puede tomar una mala decisión por no permitirse la posibilidad de que suceda algo maravilloso.

Y todo el tiempo suceden cosas maravillosas. De acuerdo, admito que en los arcenes de las carreteras no se encuentran maletas de piel de cocodrilo repletas de dinero. Eso es demasiado optimista hasta para mí. Pero veamos qué pasa en el mundo real cuando la gente actúa admitiendo posibilidades.

A los Estados Unidos llega gente que intenta encontrar una vida mejor, y la mayoría la encuentra. Los hombres y las mujeres van a los clubes para encontrar una pareja, y encuentran pareja. La gente va a terapia para crecer, cambiar y resolver sus problemas, y una gran parte crece, cambia y resuelve sus problemas. La gente invierte para hacer dinero, y muchos hacen dinero.

> ***Tome sus decisiones como si tuviera miedo de perderse un resultado maravilloso en la cara positiva.***

Ninguna de esas cosas maravillosas sucedería si la gente desestimara la posibilidad de que esas cosas puedan pasar. Cuando usted esté analizando una opción, no vea sólo la cara negativa, asegúrese de ver también la cara positiva.

Tome sus decisiones como si tuviera miedo de perderse un resultado maravilloso en la cara positiva.

Buscar la cara positiva

La gente olvida esto todo el tiempo. Neil Simon lo hizo; quizás ésa fue su peor equivocación. A pesar de su fortuna, Neil Simon tendría el doble de lo que tiene hoy si no hubiera vendido a tan bajo precio los derechos de *Extraña pareja* cuando convirtieron su obra de teatro en serie de televisión. Se olvidó de considerar la posibilidad de que su obra pudiera ser un éxito en su nuevo formato. En ningún momento se preguntó cuánto dinero podría producir la serie si las cosas salían bien.

Todo el tiempo suceden grandes cosas, y ésa es una verdad extraordinariamente importante que muchas veces se olvida.

Buscar las cosas buenas es una ley pensada para recordarnos esto. Cuando usted esté analizando sus opciones, busque lo máximo que pueda ofrecerle cada una. Pregúntese, "De acuerdo, si éstas son mis opciones, ¿qué es lo mejor que puede suceder con cada una?"

Digamos que usted está pensando en cambiar de empleo, que puede elegir entre varios y que además tiene la opción de volver a la universidad. Bueno, tiene mucho en qué pensar. Pregúntese, para cada uno de esos empleos y para la opción de volver a la universidad, cuál podría ser el mejor resultado posible. Pregúntese, "¿Adónde me llevaría cada opción si todo saliera de la mejor manera?"

Si ignora la cara positiva, usted está en peligro

Hablando de malas decisiones, el no buscar algo maravilloso es como un asesino silencioso.

Hablando de buenas decisiones, esta ley es como el viento invisible debajo de nuestras alas.

Usted dice que sabe que las cosas buenas pueden suceder. Pero cuando enfrenta dos opciones, la gente constantemente se olvida de dar importancia a las cosas buenas que cada una de esas opciones podría producir.

Un viernes de verano, la gente de la oficina de Tom —un estudio de arquitectura y construcción mundialmente famoso— comenzó a hablar de reunirse en el bar de un elegante hotel para beber unas copas después del trabajo. A lo largo del día se oyeron comentarios al pasar acerca de quiénes estarían allí, y sonaron algunos nombres interesantes. Pero muchos decían también que sería una pérdida de tiempo y que preferían irse a casa. "Un puñado de trajes grises emborrachándose —dijo una mujer—, ¿Quién necesita eso?"

Tom estaba totalmente resuelto a no ir. Estaba cansado, y un montón de cosas no habían salido como él quería en el trabajo, y estaba con un humor de perros. Había desaprovechado un par de ideas, y algunas de las que él consideraba que eran las mejores habían sido rechazadas públicamente. "No estoy para eso", le comentó Tom a un compañero de la oficina.

Pero los rumores acerca de quiénes estarían allí seguían circulando. El amigo de Tom le dijo, "Mira, yo realmente no puedo ir porque tengo que recoger a mi hijo cuando termine su entrenamiento de fútbol, y Mary y yo estuvimos discutiendo y si cambio de planes una vez más tendré jaleo en mi casa. Pero ve tú y cuéntame qué pasa. Probablemente no sea nada, pero; qué diablos".

"Olvídalo —dijo Tom—, Estoy de mal humor y todo el asunto probablemente sea una pérdida de tiempo; además estoy a un paso de pelearme con alguien y no necesito eso."

Entonces el amigo de Tom dijo lo que los buenos tomadores de decisiones siempre recuerdan decir: "Mira, sí, probablemente sea una pérdida de tiempo, pero el asunto es éste: si sólo se trata de un grupo de gente de la oficina emborrachándose, puedes marcharte cuando quieras. Sobre todo si ves que empiezan a fastidiarte. Pero están diciendo que John y Eddie allí estarán allí, y esos tipos son la clave en lo que respecta al futuro de esta empresa. Y se rumorea mucho sobre cambios que quizá se originen allí".

El amigo de Tom hizo un gesto como si pusiera sus cartas sobre la mesa. Se inclinó hacia delante y dijo: "La cosa es que yo creo que hay un diez por ciento de probabilidades de que se hable de algo realmente importante e interesante. Y la parte negativa no es gran cosa. Sólo pierdes un poco de tiempo. La parte positiva es algo grande. Qué diablos. Haz como quieras. Yo creo que deberías ir. Dí algo bueno por mí".

Tom comprobó la sabiduría de esa forma de pensar, y las cosas resultaron mejor aún de lo que había soñado.

Como todos los rumores, los que habían corrido sobre la reunión eran un poco exagerados, pero no del todo inexactos. John y Eddie, los dos dueños de la empresa, habían lanzado el rumor para ver quién aparecía. Les interesaba hacer una reforma radical, desprenderse de mucha gente y cambiar el enfoque de la empresa. Estaban empezando a cansarse de diseñar edificios para otros promotores inmobiliarios. Querían desarrollar sus propios proyectos, tener mayor participación, ganar más dinero.

Una de las personas de las que más querían desprenderse era el jefe de Tom, justamente aquél que había rechazado sus ideas. Era un arquitecto conservador, muy a la antigua. Una de las cosas que John y Eddie querían averiguar era hasta qué punto Tom se alineaba con su jefe. ¿O acaso las ideas de Tom coincidían con las de ellos?

En el bar del hotel había una mezcolanza de gente. La conversación se mantenía a un nivel superficial. Pero Tom podía ver que estaba pasando algo importante. Estaba excitado por el rumbo que tomaban las cosas. Nunca había querido ser un proyectista de edificios bonitos. A él le interesaba trabajar en el proyecto de grandes edificios. Y se encargó de que John y Eddie lo supieran. Ésa era su carta en la manga. En menos de un mes, el jefe de Tom estaba afuera, el nombre de la firma había cambiado y Tom era el encargado de lanzar el proyecto de un importante edificio de oficinas en el centro de Manhattan.

La decisión en este caso era si ir o no después del trabajo a beber unas copas en un bar aburrido donde tal vez se aparecería alguno de los de arriba. Había un montón de razones para no ir, fundamentalmente razones emocionales.

Pero si existe la posibilidad de que algo maravilloso suceda y si uno recuerda preguntarse si eso puede pasar, ¿por qué no pagar entonces un pequeño precio con la esperanza de conseguir una gran recompensa?

Los grandes tomadores de decisiones, cuando ven una bolsa tirada por ahí se preguntan: "¿Qué pasa si está llena de cosas de valor? ¿Qué me cuesta averiguarlo?"

Conseguir la mejor calidad

¿Cómo hace usted para poner en práctica esta ley de grandes expectativas? Veamos primero la manera corriente de enfrentar una decisión; después veamos la manera mejor. Usted enfrenta dos opciones. Ir a una reunión o no ir a esa reunión. Invertir en el mercado de valores o no invertir. Aceptar ese importante empleo en el extranjero o quedarse en casa. Volver a la universidad para cambiar de carrera o quedarse estancado donde está ahora. Ir a esa cita a ciegas o dejarla pasar.

La manera ordinaria de tomar esas decisiones es comparar las dos opciones y pensar sólo en el resultado más probable en cada caso. Para Tom eso habría significado comparar la probabilidad de que ir a beber unas copas después del trabajo fuera una pérdida de tiempo con la probabilidad de poder descansar y distraerse si iba a su casa.

Ese método tiene sentido común, pero también es terriblemente equivocado si una opción tiene un resultado posible extraordinario que haría cambiar la decisión tomada si usted le prestara atención y le diera toda su importancia.

En vez de eso, considere cuánto más maravillosas de lo que pensó al principio podrían resultar las cosas. Compare los mejores resultados de cada opción. Cuando las cosas parecen más sombrías, busque siempre la señal de esperanza.

La gente cree que los grandes tomadores de decisiones tienen un talento especial para convertir una oreja de cerdo en una bolsa de plata. Es más fácil que eso. La gente que toma buenas decisiones se acuerda de buscar lo extraordinario que está oculto en las cosas. Los genios descubren cosas que otra gente jamás descubriría. Los grandes tomadores de decisiones esperan cosas que a otra gente jamás se le ocurriría esperar. Usted no puede decidir ser un genio, pero puede elegir ser un gran tomador de decisiones.

Las grandes cosas vienen en cuatro sabores

¿Cómo buscar grandes resultados cuando usted no sabe cuáles pueden ser? He aquí algunas pistas. Cuando recuerde buscar la posibilidad de lo maravilloso, verá que hay cuatro maneras de que sus opciones resulten mejor de lo que usted había pensado.

- La primera es que usted obtenga más de lo que esperaba de esa opción. La mitad de los millonarios que andan por el mundo empezaron esperando que les fuera bien, esperando hacer mucho dinero, pero nunca soñaron que harían tanto como el que realmente hicieron. La mitad de la gente que dejó a un lado la locura de la vida moderna y trató de encontrar una forma de vida que la hiciera feliz, terminó no sólo feliz, sino más feliz de lo que soñó que sería. Por lo tanto, vea de qué forma sus opciones podrían proporcionarle más de lo que usted esperaba cuando las consideró por primera vez.

- La segunda manera es que usted obtenga de ellas algo que nunca imaginó que obtendría. No más de lo que usted esperaba, sino algo diferente de lo que usted esperaba. Usted pensó en no ir a una cita a ciegas, pero luego fue y, aunque no encontró el amor de su vida, conoció a alguien que sabía de una gran oportunidad de trabajo que usted terminó aprovechando. Eso se llama suerte inesperada. El mundo, de hecho, está lleno de suerte inesperada como una dama de sociedad está llena de diamantes una noche de estreno en la Ópera. Por lo tanto, vea de qué forma sus opciones pueden proporcionarle beneficios imprevistos.

■ La tercera manera es que el resultado que usted buscaba fuera mucho más probable de lo que había calculado. Por ejemplo, a usted le venía doliendo la espalda y se preguntaba si iría a ver a un kinesiólogo. Lo preocupaban el gasto, que el kinesiólogo fuera un charlatán y si el trabajo físico que debería hacer para curarse valdría la pena. Pero luego pensó que estaba dispuesto a trabajar y que nunca iría a un kinesiólogo que no le recomendaran. Dispuesto a cumplir la terapia y con un kinesiólogo decente, ¿cómo podía no haber resultado algo bueno de la experiencia? Vea entonces de qué forma sus opciones pueden producir buenos resultados más fácilmente de lo que pensó al principio.

■ Y la cuarta manera es que por el resultado que usted buscaba deba pagar un precio mucho menor del que imaginaba. Después de todo, las verdaderas ofertas son maravillosas. Digamos que usted tiene veinticinco años, que entiende de computadoras y que un tío acaba de dejarle 50.000 dólares. ¿Por qué no iniciar su propio negocio? ¿Es probable que fracase? Sí. En todo caso, ésas son las posibilidades estadísticas. ¿Pero cuánto le costaría realmente? Usted no necesitaba los 50.000 a los 25 años, ni había contado con ellos. Es tan joven como para permitirse cometer errores y, de todos modos, estará usando el dinero de otra persona. Pase lo que pase, aprenderá algunas lecciones de enorme importancia. Calcule ahora el costo, y verá que no es tanto. Si gana, gana. Si pierde, siempre se retira con una enseñanza de 50.000 dólares. Vea entonces de qué forma sus opciones pueden reportar sus beneficios a un precio menor del que había pensado.

Optimismo práctico

Lo maravilloso puede aparecer en cualquier momento y con muchos disfraces diferentes. Así que haga esto. Para cada opción que esté considerando, recuerde esta ley. Sea realista, pero pregúntese qué es lo mejor que podría pasar si elige esa opción. Deje que un optimismo auténtico pero práctico tenga su lugar en la mesa. Sus opciones podrían entonces parecerle muy diferentes.

En realidad usted no tiene ninguna obligación de descubrir todo el potencial teórico que encierran sus opciones. Usted está usando en forma adecuada la Ley n° 3 cuando sencillamente recuerda preguntarse cómo podrían salir mejor las cosas, mejor de lo que había pensado.

Superar el temor a lo fantástico

La Ley n° 3 tiene tanto sentido común que la gran pregunta es por qué la olvidamos tan a menudo. Éstas son las razones principales, y aquí está lo que debe hacer con ellas si se aplican a su caso.

■ *Se siente como un pobre ingenuo*

Suponga que alguien que usted conoce y en quien confía está montando un negocio y busca inversores. Le propone aprovechar la oportunidad, y a usted las cosas le suenan bien. Entonces habla del asunto con algunos amigos. Siendo los amigos como son, tal vez empiecen a plantear sus propias dudas y objeciones. Parecen tan listos descubriendo posibles problemas que usted comienza a sentirse un tonto ante la idea de seguir adelante con el asunto. Probablemente ellos también piensen que usted es un tonto si sigue adelante con el asunto, piensa usted.

Este tipo de cosas nos pasan cuando comenzamos a salir con alguien, cuando contemplamos cambiar de carrera y cada vez que estamos ante una decisión importante. Los amigos serviciales nos previenen hasta ponernos en un estado de desaliento, y uno se siente como un imbécil si no coincide con ellos.Y así aniquilamos lo fantástico que aguarda en nuestras opciones.

Bueno, usted debe analizar con mucho cuidado la propuesta de inversión de un amigo. Continuamente hay gente que se arruina cuando situaciones como ésta se vienen abajo. Si algo le huele mal, aléjese. Pero recuerde que así es como empezaron todas las empresas multimillonarias. De Microsoft para abajo, los primeros inversores son siempre amigos y parientes. No rechace la oferta, no desprecie ninguna oportunidad sólo por temor a verse como un pobre ingenuo. El optimismo que queda después de haber analizado las cosas a fondo no es ingenuo.

■ *Está fatigado*

Ése era el problema de Tom. Estaba demasiado cansado para pensar en lo que podría ganar yendo a beber una copa después del trabajo. Cuidado con la fatiga. La fatiga se acerca sigilosamente y susurra a su oído, "Ya está bien, abandona, véte a casa, deja de intentarlo". La fatiga dirá cualquier cosa con tal de ganar. Sobre todo, tratará de pasar por alto lo que usted podría conseguir poniendo más esfuerzo.

Piense que su cansancio es un consejero sumamente parcial que busca ganar a toda costa, y al que no le importa en absoluto lo que a usted le conviene más. Si usted está verdaderamente agotado, primero descanse, después decida. Pero nunca deje que la fatiga lo convenza de que detrás del esfuerzo no hay ninguna recompensa importante. ¿Por qué el hecho de que usted esté cansado debería significar que la cara positiva no existe?

■ *Usted se ha quemado antes*

Antes de encontrar a su príncipe o su princesa, usted tiene que besar un montón de sapos. Pero eso significa besar un montón de sapos. Muy pronto usted empieza a sentir que no hay ningún príncipe o princesa a la vista.

Gran error. Piense en el mercado de valores. Hay dos maneras de meter la pata en Wall Street. Una es perder dinero. La otra es no ganar dinero cuando todos los demás lo están ganando. Esta última es mucho más devastadora. Si usted no busca las ganancias que compensen con creces las pérdidas, las pérdidas lo abrumarán.

Del mismo modo, si todo lo que usted hace es concentrarse en las ocasiones en que se quemó, terminará en lo que yo llamo la trampa de no hacer nada. Usted no se esforzará porque tiene miedo de que suceda algo malo, pero tampoco sucederá nada bueno. Cuanto menos esfuerzo ponga, menos cosas buenas sucederán y más convencido estará usted de que no hay oro en aquellas colinas. Usted tiene un pasaje de ida sola a Tontolandia.

¿Qué le dice el hecho de haberse quemado? Le dice que hay baches en el camino. Muy bien, evite los baches. Pero no evite los caminos. Piense adónde quiere llegar y cuál es el mejor camino para llegar allí. Luego preocúpese por los baches. Pero no deje que los baches le impidan hacer el viaje.

¿Qué tiene de difícil considerar la posibilidad de que algunas de sus opciones resulten grandiosas? Usted no debe hacer nada especial. Sólo debe superar el desaliento, la fatiga y el temor a parecer ingenuo, que le han impedido ver la cara positiva. Una vez que la vea, verá la forma más inteligente de decidir. Tomamos decisiones para hacer que las cosas sean maravillosas. Así que tome la decisión que realmente le ofrezca los resultados más maravillosos. ¿Por qué conformarse con menos?

ELIJA O PIERDA

¿Qué decisión importante
no está tomando en este momento?

Una diferencia importante entre los buenos y los malos tomadores de decisiones está en la clase de cosas sobre las que deciden. No es que los buenos tomadores de decisiones sean mejores para acertar en el blanco, sino que son mejores para encontrar blancos a los que disparan para acertar.

Casi todo el mundo lidia con decisiones importantes en la vida. Si usted pregunta a alguien qué cosa está afectando su vida en este momento, probablemente le hablará de alguna decisión que las circunstancias dejaron caer en su cesta. Recibió una oferta de trabajo. La persona con la que está saliendo le dio un ultimátum para casarse. Las acciones en las que puso un montón de dinero cayeron de golpe.

> ***Al fin, todos terminamos tomando las decisiones que tenemos que tomar. Los grandes tomadores de decisiones son los que asumen decisiones que no tienen que tomar.***

Pero suponga que ese alguien le habla de una decisión que quiere tomar, que ni su jefe, ni su pareja, ni el tiempo en sí le están imponiendo. Ese individuo es probablemente un excelente tomador de decisiones.

Al fin, todos terminamos tomando las decisiones que tenemos que tomar. Los grandes tomadores de decisiones son los que asumen decisiones que no tienen que tomar.

Mire en el depósito

Piense en lo que dice esta ley. En el mostrador están todas las decisiones que se le imponen. Muy bien. Pero allí en el depósito hay decisiones que usted podría tomar sobre asuntos importantes de su vida. Tome una de esas decisiones importantes, difíciles, postergables, y pasará a ser un mejor tomador de decisiones.

La historia de Víctor

Uno no diría que Víctor parecía un excelente tomador de decisiones, a menos que su idea de tomar decisiones excelentes sea comer montones de *lo mein* y tarta de queso. Pero lo era. Sus padres habían trabajado en Rhode Island en el negocio de la fabricación de bisutería. Su madre había sido una contadora de primera y su padre un reconocido obrero especializado en la fabricación de herramientas para el ramo. Pero ambos habían trabajado por un sueldo. Víctor quería su propio negocio.

Eso es lo que hizo. Trabajó, ahorró y finalmente, con una tonelada de deudas, compró una pequeña fábrica. Y con sus conocimientos de manufacturación, el negocio prosperó y creció. Como todos los pequeños empresarios, se pasó el tiempo apagando incendios y elaborando el proyecto siguiente. Pero muy en su interior estaba preocupado por la competencia extranjera. Otros en el negocio también lo estaban, pero la historia que contaban era que ganarían haciendo las cosas como siempre las habían hecho. Tú sigue con los métodos de alta calidad y bajos costos y te irá bien, le decían.

Así es como la mayoría de nosotros enfrentamos las molestas preocupaciones que tenemos en el fondo de nuestra mente. Si algo que hicimos nos permitió llegar hasta donde llegamos, pensamos que lo mejor será seguir haciendo un poco más de lo mismo.

Víctor no quería hacer otra cosa que seguir en carrera. Su contador le dijo, "Si mis libros estuvieran como los tuyos, no haría el menor cambio". Pero Víctor sabía que era vulnerable. Por fácil que fuera no hacer nada, había toneladas de empresarios inteligentes en países donde los trabajadores ganan 10 centavos por día. ¿Cómo puede uno no hacer nada frente a esa amenaza?

Pero lo único que Víctor sabía hacer era fabricar. El mundo no necesitaba otro importador de bisutería, y él no era un hombre de marketing. Hizo a algunos de sus clientes una pregunta aparentemente descabellada. "¿Por qué me compran a mí cuando podrían comprar en el extranjero?" Le contaron historias espeluznantes sobre baja calidad y manufactura poco confiable.

Ésa era la pista que él esperaba. Montó un nuevo negocio: se convirtió en intermediario. Al principio trabajó como asesor, pero eso fue sólo una forma de conseguir que le pagaran por reconocer el terreno. Cuando hizo contactos suficientes y en el exterior se ganó la fama de ser alguien a quien no se podía engañar cuando se hablaba de fabricar bisutería, empezó a aceptar contratos a largo plazo.

Fue un negocio ingenioso. Alguien hacía el pastel, otro lo vendía, pero Víctor siempre se llevaba una tajada. Y siempre siguió con su fábrica de Rhode Island. Víctor se convirtió en un nombre a tener en cuenta en el negocio internacional de la bisutería.

Cierre la puerta del establo antes de que se escape el caballo

Todo el mundo había pensado que Víctor estaba perdiendo el tiempo. Así es como solemos sentirnos cuando tomamos decisiones que no tenemos urgencia de tomar. ¿Quién necesita tanto trabajo y tantos problemas?

Sólo una cosa. Son las decisiones que usted no necesita tomar las que lo salvan de un mar de desastres y lo llevan a un mundo de cosas maravillosas.

Las historias más tristes que conozco son de personas que creían poder darse el lujo de no elegir y, por lo tanto, de no tomar nunca una decisión que les fuera fácil evitar. Y sin embargo había decisiones que tomar.

Desde los 20 años, Erica salía con hombres que no eran para ella. A los 29 conoció a Brian. Brian era tosco, cálido y sincero. Fuerte pero no machista. Ex jugador de hockey profesional, estaba tratando de dar algún rumbo a su vida; parecía ser un ganador.

Se enamoraron y se fueron a vivir juntos. En un par de años, para Erica fue claro que Brian tenía problemas. Él quería hacer algo que le proporcionase el prestigio y la intensidad emocional del hockey, pero no le era fácil encontrar algo así. Se pasaba mucho tiempo sentado en casa, mirando televisión y tomando cerveza. Se la tomaba con Erica por el modo en que ella hacía las cosas. Cuanto peor se sentía consigo mismo, más la regañaba y peor se sentía ella con él.

Pero Brian seguía siendo un buen muchacho y prometía, pensaba Erica. La mayor parte del tiempo se llevaban bien. Brian le dijo que planeaba casarse con ella y tener hijos. Así que ella decidió continuar con él.

Dejarse llevar es la opción por defecto de la gente que toma malas decisiones. Es una elección. Cada día que Erica seguía con Brian estaba tomando una decisión importante sin siquiera darse cuenta. Estaba decidiendo no tener hijos cuando quería tenerlos. Estaba decidiendo quedarse con un hombre que le provocaba resentimiento y que no satisfacía sus necesidades cuando ella quería un hombre que pudiera llevar adelante las cosas.

Pero esas decisiones eran invisibles para ella. Si uno mira en el interior de Erica o de cualquiera que esté violando esta ley, verá un caleidoscopio de sensaciones que alternan entre la esperanza y la preocupación, la desesperación y el letargo. Ella estaba, en otras palabras, subida al tren de la desdicha que no lleva a ninguna parte.

La excusa es siempre la misma: las cosas no están tan mal.

Los que esperan no califican

La gente que toma buenas decisiones no actúa por impulso. Pero cuando tiene toda la evidencia que puede tener y cuando ha examinado todos los ángulos que puede examinar, avanza y toma la maldita decisión.

La gente que toma buenas decisiones toma decisiones. No espera a que los hechos "terminen de desarrollarse". No dice: "Sabré lo que quiero hacer cuando vea lo que hice". No dice: "Con el tiempo, la decisión correcta llegará sola". No emplea ninguna excusa para postergar las cosas. Sabe que uno elige o pierde.

La tragedia de mi padre

Todo el mundo actúa cuando tiene un cuchillo en la garganta. ¿Pero actuará usted antes de que las cosas se pongan tan mal que se vea forzado a hacerlo? Porque cuando actuamos en reacción a crisis y dificultades que alcanzan niveles dramáticos, tomamos malas decisiones, para no considerar que, en primer lugar, el hecho de esperar tanto ya es una mala decisión.

El no observar esta ley arruinó la vida a mi padre. Nacido en 1910, mi padre iba en camino de terminar la universidad en 1932. Entonces llegó la Depresión. No tenía dinero suficiente para terminar su último año de estudios. Pero en aquellos tiempos, tres años de ingeniería eran algo más que bueno.

Los años de la Depresión se convirtieron en los años de la guerra. Después de la guerra trabajó como ingeniero, pero nunca consiguió la clase de empleo que merecía por su talento. En un par de ocasiones mintió y dijo que tenía título, pero como hacía trabajos para la defensa y se investigaban los antecedentes, fue descubierto y lo despidieron.

Mi padre tuvo constantemente buenas opciones. Podría haber sido un técnico. Podría haber vuelto a la universidad. Podría haber abandonado definitivamente la ingeniería. Pero no hizo ninguna de esas elecciones.

Cuanto más tiempo pasaba, más difícil se hacía. A los 30 se casó, tuvo un hijo, y le parecía absurdo retomar los estudios. Cuando andaba por los 40, pensaba que los 30 habían sido un gran momento para volver a la facultad. A medida que envejecía, era más fácil que lo echaran, y volver a la facultad parecía mucho más absurdo.

Recuerdo su último trabajo de ingeniero. Recuerdo el minúsculo escritorio de metal gris en la minúscula oficina. Era una fábrica muy pequeña. Su jefe era un ingeniero "de verdad"; un tipo horrible. Mi padre era su ayudante, una especie de mandadero altamente capacitado. Era profundamente humillante; fue el último eslabón de una cadena de hechos que hicieron de mi padre un hombre quebrado.

Esa cadena de hechos comenzó con la renuencia de mi padre a tomar un decisión: qué hacer con la falta del diploma de ingeniero. Muchas de las catástrofes de la vida son el resultado de una decisión aplazada. No es cómodo tomar la decisión, pero decidir nos salvará de la erosión de posibilidades que sobreviene cuando no advertimos que tenemos que elegir o perder.

Esto significa que en realidad la mayoría de nosotros estamos a una o dos decisiones de que algo maravilloso suceda. No un mero desvío del camino, hacia ninguna parte. Sino un nuevo comienzo en un camino mejor que nos conduce al sitio que queremos llegar. ¿Cómo hacer eso?

Esto es lo que hace la gente que toma excelentes decisiones. Recuerda plantearse una cuestión:

EL DILEMA ELIGE O PIERDES

¿A cuáles problemas, necesidades o situaciones respecto de los cuales debo tomar una decisión no estoy prestando atención?

La gente que salvó del desastre a los Estados Unidos en los últimos quince años fue gente que comprendió esa ley. La industria norteamericana estaba en problemas, y Japón nos estaba aniquilando. Todo el mundo decía que era el fin de la superioridad y la independencia financieras.

Pero la reestructuración empresarial nos salvó. Sin embargo, cada pequeño acto individual de reestructuración empresarial fue una decisión dolorosa que no se podía aplazar mucho más tiempo, porque ya había sido aplazado durante demasiado tiempo, como Erica dejándose llevar en su relación con Brian. Como mi padre dejándose llevar con la cuestión de una carrera inacabada. En todos estos casos

¿A cuáles problemas, necesidades o situaciones respecto de los cuales debo tomar una decisión no estoy prestando atención?

lo más fácil era no hacer nada. Y ver cómo todo se iba perdiendo. Pero al encarar por fin la postergada decisión de sanear el comercio norteamericano bajando los costos y generando ganancias reinvertibles, creamos una epopeya de prosperidad sin precedentes.

Éste es un ejemplo del poder y la esperanza que surgen de concentrar la atención y la energía en las decisiones que uno ha estado evitando tomar. La mejor decisión de su vida probablemente sea una que usted no cree necesario tomar.

BASE SU DECISIÓN EN LA AUTOACEPTACIÓN

¿Su decisión concuerda con quien usted es realmente?

Para bien o para mal, el tener o no una cita con la propia aceptación determina nuestro destino. Esta ley dice que usted no debe cambiar su manera de ser para tomar una buena decisión. Si usted acepta ser quien realmente es —por imperfecto que sea— tomará buenas decisiones.

Hacemos difícil nuestra vida cuando nos negamos a aceptar lo que sabemos que es cierto acerca de quiénes somos en realidad. La relación que existe entre buenas decisiones y autoaceptación se comprueba en todos los terrenos. Nuestra carrera es particularmente demostrativa. Tomemos dos personas, ambas del tipo financiero, ambas deseando progresar.

Una acepta quién es y decide reforzar sus puntos favorables. Decide que su habilidad con los números la lleve tan lejos como sea posible. Si hay otras cosas que pueda incorporar, las recogerá en el camino. Llega lejos.

La otra odia ser quien es, y cree que debe ser bueno con la gente y que puede obligarse a ser bueno con la gente.

Decide meterse en el comercio; esencialmente trata de construir una carrera basada en el rechazo de sí mismo. No llega a ninguna parte.

Probablemente usted ya haya visto esto. Una amiga le anuncia que va a casarse, ¡pero el novio está en quiebra! Usted sabe que su amiga gasta tanto dinero como una Ferrari consume gasolina. Ella se crió con el dinero. Le gusta. Lo necesita. Puede que eso no sea algo para enorgullecerse, pero es así, y es real. Usted sabe que su amiga está tomando una mala decisión y que se está arruinando el futuro. ¿Por qué? Porque a su amiga le cuesta aceptar la realidad de que para ella no hay idilio sin dinero.

Cómo usar la autoaceptación para tomar buenas decisiones

Usted se sorprendería ante lo eficaz que resulta esta ley de la propia aceptación. La gente que toma buenas decisiones intuitivamente sabe que uno puede cambiar su vida si acepta las cosas que no puede cambiar respecto de sí mismo. Cuando uno se acepta tal como es, se abren horizontes. Se evitan los desastres.

La gente que toma constantemente malas decisiones suele ser gente que usa las decisiones para tratar de ser lo que no es. Está tratando de reinventarse como persona, o simplemente está ignorando alguna realidad desagradable acerca de sí misma.

Todo lo que esta ley exige es poder verse en el espejo y aceptar la cruda verdad sobre uno mismo. Cualquiera sea la decisión que usted esté enfrentando, haga esto: vaya al espejo, mírese a los ojos y pregunte: "¿Qué cosas de mí necesitan ser ciertas para que esta decisión resulte bien? ¿Esas cosas de mí son realmente verdaderas?"

Supóngase que encuentra una discordancia entre lo que es cierto de usted y lo que usted necesita que sea cierto para que su decisión sea un éxito. Si es así, usted se dirige al fracaso. Es como comprar un traje de baño. Usted puede pensar que es más delgado de lo que realmente es y tomar una mala decisión al comprarse el traje de baño, o puede aceptar la forma y el tamaño de su figura y comprarse un traje de baño que realmente le quede bien.

Todo lo que esta ley exige es poder verse en el espejo y aceptar la cruda verdad sobre uno mismo. Cualquiera sea la decisión que usted esté enfrentando, haga esto: vaya al espejo, mírese a los ojos y pregunte, "¿Qué cosas de mí necesitan ser ciertas para que esta decisión resulte bien? ¿Esas cosas de mí son realmente verdaderas?".

La historia de Jennifer, como verá, deja en claro que todas las decisiones empiezan como una bifurcación en el camino. ¿Empezaremos autoengañándonos y tomaremos la senda que lleva al fracaso? ¿O empezaremos echando una mirada franca a la verdad sobre nosotros mismos, aún cuando la verdad no sea halagadora, y tomaremos la senda que lleva al éxito?

Un historia real de éxito en Hollywood

Jennifer se graduó en Brandeis con el sueño de hacer cine. De hacer películas, como Steven Spielberg. En la universidad estudió economía, pero tomó todos los cursos de cine que pudo. Y los odiaba. Decía que los odiaba porque ella era... *real*. Una cineasta pragmática, no una de esas personas con veleidades de artista, que hablan y hablan.

Al terminar la universidad anduvo vagabundeando un poco. Sólo por diversión, pero también porque tenía un poco de miedo de ir a Hollywood y enfrentar finalmente su destino. No estaba segura de poder tomar las mejores decisiones cuando al fin estuviera allí. Un par de años más tarde se animó. Fue a Hollywood y vio que una de las formas más rápidas de conseguir que le pagaran por estar en un set de filmación era ser supervisora de guión. Si usted alguna vez vio una película sobre filmación de películas, la supervisora es la mujer (habitualmente es una mujer) que tiene una planilla y un cronómetro para controlar quién hace qué y cuándo.

Andaba con gente que escribía guiones; gente que quería hacer películas igual que ella hablaba de hacer películas. Pero se dio cuenta de que era horrible. Allí en el lugar donde los sueños pueden convertirse en realidad, odiaba a la gente que se devanaba los sesos tratando de hallar una idea súpercomercial. Y odiaba a la gente del tipo cine alternativo, que trataba de encontrar la idea anticomercial perfecta.

Estaba descubriendo que su sueño no le resultaba divertido. Le inquietaba ver que sus compañeros con aspiraciones de cineastas parecían ser todos profundamente incompetentes para hacer dinero.

Jennifer consiguió un empleo como asistente de producción en una película de bajo presupuesto y descubrió algo tan alarmante y tan duro de aceptar sobre sí misma que se pasó años escapando de eso. Le gustaba el dinero, le gustaban los negocios y le gustaba la parte comercial de Hollywood. Ésa era la parte que encajaba con quien ella era realmente.

Cuando se miró en el espejo de la verdad, vio que la única parte suya que deseaba ser una "artista" cinematográfica era la parte que deseaba decir "yo soy una artista cinematográfica". Para ver la verdad, se remontó al hecho de haber estudiado economía. Ahora veía a la Jennifer auténtica.

Había supuesto que esa Jennifer sería una persona aburrida y vacía, y no era fácil aceptar eso. Tragando saliva, enfrentó la verdad sobre su modo de ser. Los verdaderos cineastas querían hacer películas y se interesaban por las cosas que tenían que ver con hacer películas. Ella quería hacer dinero, y se interesaba por las cosas que tenían que ver con hacer dinero. Dejó de lado sus sueños artísticos antes de tener que sufrir por ellos y comenzó a trabajar para una agencia de talentos. Su viejo yo habría dicho que esa decisión estaba por el dinero. Su verdadero yo dijo que era allí donde estaba la acción. Ésa era la diversión. Ésa era la realidad. Ésa era ella. Era mucho mejor aceptarse como ella era realmente que arrojar al río su verdadero yo para poder decir a la gente que era una cineasta.

Y así nació otra exitosa tomadora de decisiones.

Cuando no es fácil enfrentar al verdadero yo

Toda falta de autoaceptación resultará en malas decisiones. Tomemos el caso de Anna. Ella odiaba su matrimonio, pero no podía terminar con él porque no podía aceptar la verdad sobre sí misma. La imagen que ella quería que fuera cierta era que había encontrado a su alma gemela y por lo tanto tenía que ser feliz.Y en algunas cosas Iván era su alma gemela. Era un fanático de la política al igual que ella, era un buen hombre y un excelente padre.

Había un solo problema. No eran compatibles físicamente. La sensualidad lo era todo para Ann, era lo que realmente le importaba, pero Iván no hacía nada por la sexualidad de su esposa. Además era un poco más bajo que ella, algo que a Ann le pesaba mucho, aunque odiaba reconocerlo. Se suponía que a las feministas no las excitaban los hombres altos y fuertes y les causaban rechazo los hombres bajos y algo gordos. Se suponía que las excitaba la mentalidad del hombre. Ann deseaba desesperadamente ser como pensaba que debía ser y no como era realmente.

A la larga, por supuesto, uno puede correr pero no puede esconderse. Llena de culpa, Ann se enredó en breves aventuras con hombres que hacían algo por su sexualidad. Su matrimonio con Iván se convirtió en una pesadilla de amargura. Sin ningún motivo, hasta donde Iván sabía, Ann comenzó a actuar como si ya no lo soportara. Pero cada día ella tomaba la terrible decisión de quedarse y prolongar su sufrimiento porque no podía aceptarse a sí misma.

"Una persona como yo no puede ser como soy", me dijo cuando la confronté con la verdad sobre su sexualidad. Pero uno solamente puede ser como es. Ann desperdició demasiado tiempo casada con un buen hombre que no era el adecuado para ella. Comprendió que el "yo" que uno quiere ser puede no ser nunca el "yo" con el que uno es realmente feliz.

Ann aceptó finalmente algo que todos necesitamos entender:

No hay malas noticias cuando el tema es quién es uno realmente.

Las malas noticias llegan cuando usted se niega a aceptar quién es y toma decisiones que son del todo inadecuadas para su persona.

No hay malas noticias cuando el tema es quién es uno realmente.

Una cosa a la vez

A menudo violamos esta ley —basar las decisiones en la propia aceptación— porque pensamos que basar una decisión en quiénes nos gustaría ser nos ayudará a convertirnos en aquella persona que querríamos ser. Pero eso es como decir: "Como querría ser un buen nadador, me zambulliré desde el rompeolas como un verdadero nadador; eso me ayudará a convertirme en un auténtico nadador". No, eso lo ayudará a convertirse en un ahogado.

Tome una decisión para cambiar su manera de ser, si usted quiere y si eso tiene sentido. Todas las otras decisiones, tómelas basándose en quien es usted realmente, ahora. Mantenga las cosas bien diferenciadas.

Tratar de ser valiente

Bill no siguió esta ley. Era un exitoso experto en computación. Un tipo brillante, su vida laboral consistía en pasar de un desafío técnico a otro, pero Bill no soportaba pensar que cada persona que lo contrataba era más rica, más valiente y menos inteligente que él. Quería ser un aventurero valiente como aquéllos para los que trabajaba. "No soy valiente, pero quiero ser valiente, y tal vez la única forma de volvrme valiente sea hacer cosas arriesgadas", me dijo. Dios mío, pensé. Ya veía venir las malas decisiones.

Como alguien que odiaba el riesgo y le temía pero que se odiaba a sí mismo por odiarlo y temerle, Bill pasaba rápidamente de asumir riesgos gigantescos a estar paralizado al punto de la inacción. Aceptaba trabajos que no podía manejar, fracasaba públicamente y dañaba así su reputación de ser alguien que resolvía problemas.

Le dije: "Sólo porque sientas que debes ser como esos tipos para los que trabajas, no significa que seas como ellos". Para comprobar esa idea radical, Bill hizo un trato conmigo. Mientras trataba de cambiar su manera de ser, seguiría trabajando como experto en computadoras. Si descubría un temerario en su interior, genial, podía meterse a empresario. Si no, sabría la clase de decisiones malas para él que le convendría evitar.

No había ningún valeroso interior. Cuando lo hay, por lo general lo sabemos. Bill guardó un luto muy breve por la muerte de su otro yo. Una vez que se libró de la tensión que le causaba creer que debía buscar el riesgo, se sorprendió al descubrir qué entretenida era su vida. Había pensado que terminaría viéndose a sí mismo como un hombre más insignificante. En vez de ello, terminó sintiéndose el hombre más libre. Ése es siempre el emocionante resultado de basar las decisiones en la autoaceptación. Al principio cuesta hacerlo. Más tarde se siente sensacional.

El paso siguiente

Escriba tres verdades desagradables de aceptar acerca de usted. Tres verdades que podrían ridiculizar alguna de las opciones que está considerando. Todos tenemos cosas así en la alacena de nuestra mente. Estoy hablando de cosas como:

- "Yo soy básicamente perezoso." ¿Tiene sentido entonces avanzar por esa senda profesional que sólo funciona para los tipos que trabajan 80 horas semanales, aun cuando sea la que usted pensó que quería recorrer?
- "Me gustaría considerarme un tipo amable, pero realmente necesito mandar. Estoy más cómodo dando órdenes a la gente que preguntándome si le caigo bien." ¿Tiene sentido entonces aceptar un trabajo en la oficina de asistencia social, donde se manejan de manera colegiada y las decisiones se toman en conjunto, aun cuando a usted le encante ayudar a la gente?
- "Odio las complicaciones y odio preocuparme." ¿Tiene sentido entonces meterse en inversiones de riesgo, aun cuando usted quiera ganar dinero?

Usted no necesita ir a psicoanálisis para descubrir sus propias verdades. Son esas marcas y arrugas de su personalidad que usted ya conoce. Ésa es la cuestión para basar sus decisiones en la propia aceptación. Usted no tiene que descubrir esas cosas, sólo tiene que admitirlas.

Entonces dígase, "Supongamos que acepto que esas cosas sobre mí son ciertas. No quiero que sean ciertas, pero lo son. ¿Esta decisión que estoy pensando tomar podrá funcionar, teniendo en cuenta que esas cosas sobre mí son ciertas?"

Responda esa pregunta honestamente. Si le cuesta aceptar quién es usted realmente, acepte entonces este hecho: si toma una decisión que no concuerda con quien usted es en verdad, terminará poniendo toda su energía en apuntalar una estructura que nunca debió haberse construido.

Si usted es un tipo bajo y delgado, ¿por qué sufrir tratando de ser un jugador de basket profesional cuando podría ser un jockey feliz? Los tomadores de decisiones inteligentes se aceptan a sí mismos y confían plenamente en que hay un lugar en el mundo para ellos tal como son.

Si usted acepta quién es como la base de su decisión... bueno, verá, así es como la gente imperfecta toma excelentes decisiones. Puede confiar en sí misma porque sabe que no habrá una parte enterrada de ella que regresará para reclamar lo suyo. Siguiendo esta ley, cuando acepte su decisión sentirá que vuelve a su verdadero hogar.

Perspectivas

Las 10 decisiones más importantes

Éste no es un "libro de recetas". Sólo pretende darle las herramientas para que usted pueda no sólo tomar una buena decisión, sino sentir además que lo hará pase lo que pase.

No importa lo confundido que esté ante una decisión en particular, no importa lo ignorante o torpe que se sienta al respecto; usted sigue siendo el primer experto mundial en el tema de su propia vida. Después de practicar psicoterapia durante casi veinticinco años, aprendí a tener un profundo respeto por el conocimiento que la gente tiene de sí misma y de su vida.

Pero aceptémoslo, hay ciertas decisiones trascendentales que todos enfrentamos. Todos tenemos que enfrentar las mismas decisiones sobre trabajo, amor, dinero y salud. A pesar de que los detalles específicos sean completamente diferentes de una persona a otra, las cuestiones de fondo son sorprendentemente similares.

Entonces, ya que uno de los temas de este libro es aprender de la gente que toma buenas decisiones, ¿qué puede decirnos esa gente sobre la clase de decisiones que usted y yo enfrentamos, que pueda beneficiarnos?

Bueno, aquí va. Éstas son las 10 decisiones más importantes que todos enfrentamos. Y éstas son algunas pautas orientadoras que brinda la gente experta para que usted sepa cómo tomar esas decisiones a fin de obtener lo que necesita.

Recuerde que estas sugerencias son amplias. Nada puede sustituir el respetar religiosamente las 30 leyes y aplicarlas meditadamente a la realidad de su vida. Pero esto es lo que la gente que toma buenas decisiones dice sobre las Diez Decisiones Más Importantes de la vida.

1.Con quién y cuándo casarse

Muchachos: deberíais casaros antes de lo que pensáis. Muchos hombres esperan demasiado, pensando que tienen todo el tiempo del mundo. Todos los tipos inteligentes que estuvieron donde usted está hicieron lo mismo. Empiece temprano a buscar una mujer con la que quiera casarse y, cuando la encuentre, no la deje escapar.

Chicas: deberíais pensar en casaros más tarde de lo que probablemente tenéis pensado. Demasiadas mujeres sienten demasiada presión demasiado pronto. Hágase a sí misma y a su futuro compañero un favor y quítese la presión de encima hasta que sepa quién es usted y qué quiere. En cuanto a con quién casarse, es obvio que, ésa es una decisión absolutamente personal, pero le pido de rodillas que preste atención a algunos principios elementales muy importantes. Toda la gente inteligente que ya recorrió algo más que usted ese camino dice:

- Cásese con alguien que le guste. Todos consideramos que el amor es importante. Sí, pero que alguien le guste de verdad es más importante todavía.
- Cásese con alguien que no esté loco. ¿Por qué diablos la gente viola este principio? Tal vez porque piensa que loco significa interesante. No es así: un loco le arruina la vida a usted y a todos los que están cerca. No se case con nadie que tenga problemas mentales o emocionales.
- Cásese con alguien con quien se divierta. La diversión es el pegamento de la intimidad. Es la goma de los neumáticos del amor. Mire, esto es un hecho. La gente que se divierte con su pareja puede soportar toda clase de tormentas. La gente que no se divierte con su pareja se ahoga con una llovizna.
- Cásese con la persona más lista y sólida que pueda encontrar. La vida junto a alguien, cuando hay que ocuparse de los hijos, del dinero, de cuestiones de trabajo, es realmente como navegar en una tormenta. ¿Quién quiere que sea el que esté a su lado en el timón de vuestro barco? ¿Un incapaz? ¿Un niño de pecho? No. Usted quiere exactamente la clase de persona que tomará con usted el timón cuando naveguen en una tormenta real. La gente lista es ganadora. Cásese con una persona lista.
- Cásese con alguien que comparta su visión en cuanto al modo de vivir la vida. Usted se casa tanto con una persona como con un estilo de vida. ¿Cómo puede ser sólido el matrimonio si están discutiendo siempre por el estilo de vida?

2. Qué carrera elegir

Esta pregunta no es sólo para los jóvenes. Cada vez somos más los que cambiamos de carrera en diferentes puntos del camino, y a menudo lo hacemos en más de una oportunidad. ¿Qué debemos tener en cuenta entonces cuando tomamos una decisión en este terreno?

- Olvídese del dinero. El dinero es importante, pero salvo raras excepciones, dado un cierto nivel de preparación no hay realmente una diferencia tan grande de dinero entre una carrera u otra. La felicidad es tener el dinero suficiente para pagar las cuentas y no preocuparse. Ganar más dinero que ése no significa ser feliz. Los millonarios de Internet que lo hicieron sólo por el dinero no son felices. Los que no lo hicieron por el dinero son felices, pero no es por el dinero que son felices.
- No trate de impresionar a los demás. Nos guste o no, usamos nuestra carrera como si fuera el último accesorio de moda. La respuesta que damos cuando nos preguntan "¿A qué se dedica?" puede hacernos sentir mejor que un traje de 2.000 dólares. Pero si elegimos una carrera que no nos gusta, jamás seremos felices, por mucho que logremos impresionar a otra gente. Y aquí confíe en mí: si lo que usted hace lo hace sentirse bien, no le importará qué piensan los demás.
- No elija una carrera tratando de ser algo que usted no es. Si trata de lograr la autosuperación por vía de una elección profesional, es muy probable que no se

supere, y es casi seguro que pasará por una pésima experiencia profesional. En vez de eso, elija la carrera del mismo modo en que elegiría la ropa que piensa usar: escoja algo que resalte sus puntos a favor y disimule sus defectos.

- Busque oportunidades de crecimiento. Hay más de las que usted piensa. Más de las que piensan los demás. Usted necesita una carrera que le permita sentir que crece en conocimientos, poder, habilidad, experiencia y madurez. Elija cualquier carrera que le parezca bien, pero desconfíe mucho de ésas en las que dentro de treinta años estará haciendo exactamente lo mismo que está haciendo ahora. En otras palabras, no busque solamente una carrera, busque una senda profesional. Si no elige una carrera que tenga muchas puertas abiertas, usted tendrá que abrirlas.

3. Dónde vivir

Su trabajo determina dónde vive; después usted busca un lugar que no esté demasiado lejos del trabajo. ¿Cuál es el problema?

Bueno, si no hay ningún problema, ¿por qué le cuesta tanto a la gente tomar esa decisión?

Más importante aún, ¿por qué con tanta frecuencia la gente sufre después de haber tomado esa decisión?

He aquí algunos consejos extra y no tan obvios para decidir dónde vivir, compartidos por gente que toma buenas decisiones.

- Consiga el lugar más barato que pueda. Nada le arruinará tanto la vida como enamorarse de una casa demasiado cara y pensar que encontrará la forma de arreglárselas y manejar la situación. De hecho, esa casa lo dejará seco, económica y emocionalmente. Fíjese dónde vive la gente de negocios más lista. En la mayoría de los casos, sus viviendas son sorprendentemente modestas, si se tiene en cuenta su nivel de riqueza. Una casa menos cara significa más dinero para su jubilación o para otras cosas que le interesen.
- Viva lo más cerca que pueda de una ciudad. Esto es polémico. Si usted decididamente ama el campo y odia la ciudad, tiene que vivir en el lugar que le gusta. ¡Y desde ya que este consejo no se aplica a los granjeros! Pero, en general, cuanto más cerca de la ciudad pueda estar, más felices estarán todos en su familia. Porque la ciudad ofrece más oportunidades. Hay más entretenimientos para los niños, más cultura para usted, más maneras diferentes de hacer dinero.
- Reduzca al máximo su tiempo de viaje al trabajo. Lo veo pasar una y otra vez: la gente vive demasiado lejos de donde trabaja porque piensa que un suburbio alejado será mejor para sus hijos. Ellos odian ese lugar porque allí no hay nada que hacer. Los padres lo odian porque tienen que pasarse todo el tiempo llevando a los niños en el coche de un lugar a otro después de haber conducido horas para ir y volver del trabajo. ¿Por qué hacerse a sí mismo desdichado? Un recorte de una hora diaria en su tiempo de viaje

al trabajo (es decir, media hora de ida y media de vuelta) son 250 horas más al año. Considérelo como unas dos semanas de vacaciones gratis.

- No viva en un lugar que lo deprima. Sé que usted nunca se mudaría deliberadamente a un lugar porque ese sitio lo deprime. Pero la gente suele comprometerse en situaciones que juzga realistas en nombre de valores o cosas "más importantes". Complacer al socio, por ejemplo, o ganar más dinero. Y cree, además, que puede sobreponerse a un entorno deprimente. Pero habitualmente no funciona así. Los entornos deprimentes por lo general resultan cada vez más deprimentes con el tiempo. Si usted tiene la posibilidad de elegir, elija no deprimirse por el lugar donde vive.

4. Tener o no tener hijos, y cuándo

Esto es importante, pero es sencillo. Si usted quiere tener hijos, no se atormente tratando de decidir cuándo, porque no hay un momento perfecto. Cuando los tenga, en el momento que sea, encontrará la manera de hacer que las cosas funcionen. (Mi primer hijo nació cuando yo tenía 21 años, lo que en aquellos tiempos era muy temprano para un hombre. El ser apenas un muchacho y no tener dinero alguno trajo muchos problemas. Pero hubo una relación muy juvenil entre mis hijos y yo. Tuve mucho que darles durante su adolescencia y —júbilo de los júbilos— yo tenía solamente 40 años cuando mi hijo menor se graduó en la universidad. Mi mejor amigo tuvo su primer hijo veinte años más tarde que yo. Y está funcionando a las mil maravillas para él también.)

No se atormente por no tener hijos. La gente que no tiene hijos por propia elección generalmente es más feliz que la gente con hijos. El tiempo, el dinero y la libertad disponibles cuando uno no tiene hijos son un magnífico obsequio y una gran oportunidad.

Así que, pase lo que pase, sea feliz. Todo lo demás son detalles.

5. Cambiar o no de trabajo

El viejo ideal sigue siendo un ideal: entrar a trabajar en una empresa cuando uno recién está empezando y desarrollar su carrera a medida que la empresa crece. Al menos funcionó para Bill Gates. Si usted puede, hágalo.

En estos tiempos, la mayoría de nosotros no podemos. Lo que sí existe es el cambio. Y si a usted no le sucede, es muy posible que necesite provocarlo. La cuestión es cuándo debe cambiar de trabajo. Debe hacerlo:

- Cuando tiene un mal jefe. Hay libros que enseñan a habérselas con un mal jefe, pero el mejor consejo es mandarse a mudar. Usted puede enfrentar a un mal jefe, pero nunca puede enfrentarlo bien. Habérselas con un mal jefe es como habérselas con un hurón en los pantalones. El mismo día en que descubra que su jefe es imbécil, incompetente, malvado, egoísta, destructivo, ciego o simplemente no se entiende con usted, empiece a buscar activamente un nuevo empleo y no pare hasta conseguirlo. Aunque sea un trabajo peor, un trabajo peor con un jefe mejor es mejor que un trabajo mejor con un jefe peor.

- Cuando no hay lugar para avanzar. No estoy hablando necesariamente de una promoción en la empresa. Estoy hablando mucho más ampliamente de sentir que el lugar donde usted trabaja es un lugar donde puede destacarse. No se permita estancarse. Y esté muy atento a las señales de estancamiento. El sentir que se ha vuelto un experto en su trabajo, que se ha hecho indispensable para su oficina o que está cómodo con su rutina, pueden estar ocultándolo. Usted tiene que buscar sentirse cómodo y confiado, pero apenas perciba que se estanca comience a buscar la forma de seguir avanzando.
- Cuando tiene oportunidad de trabajar para una buena compañía. Ninguna oferta de empleo es atractiva si está ligada a una empresa cuyo estado es poco saludable. Cuando las empresas toman frío, son los empleados quienes enferman de pulmonía. Las ratas abandonarán el barco que se hunde, de todos modos. Asegúrese de ser una de las primeras ratas en hacerlo.
- Cuando su trabajo es una fuente de dolor. Permítame definir qué es "sentirse bien" cuando hablamos de su trabajo, porque todos sabemos que, si bien un trabajo no tiene por qué ser un purgatorio, probablemente tampoco será siempre un paseo campestre.

Al final del día, pregúntese si la jornada ha sido buena o mala. No hay medias tintas. Una de dos: o buena o mala. Entonces anote en su calendario bueno o malo para ese día. Si al cabo de treinta días hay más malos que buenos, su trabajo no le hace bien. Es hora de marcharse. Aquí hay otra prueba. Aunque su trabajo le haga bien, pregúntese cómo se sentiría haciéndolo durante el resto de su vida. Si la idea de hacerlo toda la vida le duele, cambie de empleo ahora mismo. La gente que toma buenas decisiones tiene menos tolerancia que el resto de nosotros al dolor que produce el trabajo. No toma decisiones impulsivas para evitarlo. Pero no se queda aguantando el dolor.

- Cuando usted tiene la oportunidad de ampliar su capacitación y alternar movimientos laterales y ascendentes. Éste es un truco muy eficaz. Es raro poder llegar adonde uno quiere siguiendo una línea recta ascendente. Eso es solamente para los pocos que tienen suerte. El resto necesitamos hacer algo como lo siguiente (y por favor no sienta que debe cumplir rigurosamente esta prescripción). Permita que su nuevo empleo sea un movimiento lateral (no un verdadero ascenso o un aumento de paga) a otro en el que usted agregue algo valioso a su currículum. Por ejemplo un trabajo en el que adquiera nuevos conocimientos o asuma nuevas responsabilidades. No es un ascenso, pero el movimiento lateral debería ponerlo en mejor posición para efectuar un movimiento ascendente la próxima vez. Si usted se concentra demasiado estrechamente en conseguir más dinero o un mejor cargo con cada nuevo empleo, se perderá esas experiencias formativas que pueden catapultarlo hacia delante en el futuro.

- Cuando haya un trabajo divertido, concédase un aumento de placer. ¿Por qué el dinero y el progreso profesional deberían ser los únicos motivos para cambiar de trabajo? Por lo menos una vez en su vida acepte un trabajo porque es más divertido. Yo llamo a eso un aumento de placer. Puede no ser el mejor trabajo en los papeles, pero resulta más reconfortante.

6. Divorciarse o no divorciarse

Mira Kirshenbaum y yo escribimos juntos *Demasiado bueno para marcharse, demasiado malo para quedarse: una guía paso a paso para decidir si continuar o no con su relación.* Si usted está debatiéndose con la cuestión de acabar o continuar una relación dudosa, ese libro le proporcionará toda la ayuda que necesita. Contiene 36 pautas, y ésta es la primera: si nunca fue muy bueno, nunca será muy bueno.

7. Cuánto ahorrar y cuánto invertir

La parte de ahorrar es fácil. Si yo tuviera que determinar si alguien es un buen o un mal tomador de decisiones y pudiera hacer una sola pregunta, esa pregunta sería, "¿Ahorra usted el 10 por ciento de sus ingresos anuales?".

Los buenos tomadores de decisiones tienden a ahorrar el 10 por ciento o más. Los malos tomadores de decisiones tienden a ahorrar mucho menos.

Tiene sentido. Los buenos tomadores de decisiones piensan en el futuro. Los malos se manejan por impulso.

En cuanto a invertir: yo he invertido toda mi vida, y me ha ido muy bien. De ahora en más puedo vivir bien como inversor sin tener que hacer otra cosa. Pero en lugar de ponerme aquí como un experto, permítame resumir la experiencia de hombres y mujeres comunes que pueden exhibir décadas de buenas decisiones en el terreno de la inversión.

Hay dos claves.

La primera es la regularidad. Invierta permanentemente. Siga poniendo dinero en sus inversiones. No trate de tomarle el tiempo al mercado: tiene que seguir plantando si quiere que su jardín siga creciendo.

La segunda clave es comprar acciones en alza. La mejor manera de hacer esto, para la mayoría de la gente, es comprar fondos de inversión con buenos antecedentes de inversión en acciones en alza. No compre acciones usted solo a menos que tenga una muy buena razón para creer que puede hacer un trabajo mejor que el que realiza el gerente de un buen fondo de inversión.

8. Qué hacer con un problema de salud específico

Esto es lo que hacen los buenos tomadores de decisiones con sus problemas de salud. Primero, van al mejor médico que puedan encontrar. No al médico de su mejor amigo. No al médico que está más cerca. Sino a un doctor que tenga una sólida reputación y que se especialice en su problema. Y luego escuchan a ese médico.

Siempre buscan una segunda opinión. Por caro que cueste, por incómodo que sea, cuanto más serio sea el problema de salud, tanto más valiosa es la segunda opinión. Y si los dos primeros médicos no tienen en absoluto el mismo criterio, buscan una tercera opinión.

Además, saben que el paciente es quien tiene la mayor responsabilidad de su propia atención médica. Si usted no sigue activa y hasta fanáticamente las indicaciones de su médico con respecto a lo que debe hacer, por ejemplo dieta y ejercicio, anótese entonces en el bando de su enfermedad.

9. Qué hacer cuando su hijo tiene un problema

Esto quizá lo sorprenda. Es verdad que la gente que toma buenas decisiones busca el mejor especialista si un hijo suyo tiene un problema serio. Pero también hace algo que usted acaso no espere.

Supone que su hijo probablemente está bien. La gente que toma malas decisiones está constantemente poniendo etiquetas a sus hijos y arrastrándolos a los terapeutas. Una de cada diez veces en que eso se justifica está agobiada por las nueve de cada diez veces en que esos padres están haciendo que un niño normal se sienta mal consigo mismo.

Todo este libro se basa en la idea de que si usted quita la hojarasca puede confiar en usted mismo para tomar excelentes decisiones. Los padres que etiquetan a sus hijos y buscan problemas siempre les están dando el mensaje de que no pueden confiar en sí mismos. Y en primer lugar, eso crea niños con problemas mucho más grandes que cualquier otro que el que sus padres intentaban enfrentar.

Trate de decir esto de su hijo, "Puede que no sea todo lo que yo esperaba de él; a veces da mucho trabajo, pero es fuerte y saludable y sabe lo que es bueno para él y está haciendo lo mejor que puede para encontrar su lugar en la vida".

10. Cómo retirarse

Uno no se retira de algo. Uno se retira para algo. Ésa es una profunda agudeza de la gente que toma buenas decisiones. De modo que, si es necesario, siga trabajando hasta tener una buena idea de cómo quiere vivir sus años de retiro. La gente que simplemente dice: "Déjenme salir de aquí" puede pasar a estar tan perdida y descontenta como un adolescente. La gente que sabe adónde va y por qué va a ese sitio tiene un retiro feliz.

En realidad, la gente que sabe adónde está yendo y por qué está yendo allí tiene una vida feliz.

MIRE HACIA DELANTE

¿Cómo resultará su decisión con el tiempo?

Esta ley marca una de las brechas más anchas entre la gente que toma buenas decisiones y la gente que toma malas decisiones más veces de las que debería. Esta última gente suele tener razones que suenan muy convincentes para explicar que su elección es correcta. Uno puede parecer terriblemente listo en su modo de tomar una decisión necia.

Pero escuche la frase que los buenos tomadores de decisiones repiten una y otra vez. Si usted va a pedir consejo a una de esas personas y le detalla todos los pros y los contras que tuvo en cuenta para tomar una decisión, el buen tomador de decisiones le dirá: "Sí, pero, ¿cómo resultará esa decisión con el tiempo? ¿Cómo se verán las cosas dentro de uno o de cinco años?"

A los buenos tomadores de decisiones no los ciega el ahora. Toman la situación presente y la desarrollan en su cabeza para ver qué pasa con ella al cabo del tiempo.

Esa hermosa cabaña en la costa que usted piensa comprar... sin dudas es hermosa pero, ¿cuánto tiempo va a pasar usted realmente en ella, y qué hay de la erosión del aire marino, y cuántos turistas van allí? ¿Hay algo mejor que pueda hacer con ese dinero? Esta ley significa hacerse preguntas sencillas como ésas. Usted tiene que enfrentar el sueño de una cabaña veraniega con la realidad de cómo será realmente tener esa cabaña veraniega cuando mire el futuro sin usar un cristal color de rosa.

La forma más fácil de aplicar esta ley es sólo mirar hacia delante.

Suponga que su matrimonio es horrible pero sus hijos son maravillosos. Usted tiene una aventura con alguien que le da todo lo que su cónyuge no le da, aunque usted en realidad nunca puede pasar mucho tiempo con su amante. Los malos tomadores de decisiones comparan las cualidades de su cónyuge con las cualidades de su amante, se preocupan por los hijos, suman todo, y tratan de llegar a una conclusión.

Los buenos tomadores de decisiones dicen, ¿qué pasará si sigo casado/a con esta persona? Si sigo, ¿acaso trataremos de cambiar las cosas? Si lo hacemos, ¿cuánto será posible cambiar? ¿Cómo me sentiré con mi matrimonio si consigo esos cambios? ¿Y qué hay de mi amante? Las cosas son magníficas ahora pero, ¿cómo se verá el cuadro si nos casamos?

Si usted mira, verá

Sharon y Rick vivían cerca de una importante fábrica de productos electrónicos en una zona rural de Nueva

Inglaterra. Desde hacía años, como un servicio para sus empleados, la empresa mantenía en el lugar una pequeña tienda de comestibles y *drugstore*. Un día, la gerencia decidió que la tienda era un accesorio innecesario y no lucrativo, y la cerró. ¿Qué tenía que ver una firma de productos electrónicos con manejar una tienda familiar?

Sharon y Rick oyeron lo que estaba pasando y vieron la oportunidad. Invirtieron todos sus ahorros y se endeudaron para abrir un pequeño supermercado con una sección de farmacia, junto a la carretera, enfrente de la fábrica.

Al principio el negocio anduvo estupendo. ¿Pero era una buena decisión?

Supongamos que hubieran tratado de mirar hacia delante. Podrían haber pensado: "Ésta parece ser una buena oportunidad para nosotros. ¿Pero qué pasará? ¿Qué hay de nuestros clientes que trabajan en la fábrica? Están acostumbrados a precios sumamente bajos y a comprar cosas de primera necesidad antes de subir al coche cuando se marchan del trabajo. Nuestros precios les parecerán altos, y aún cuando la gerencia haya cerrado la tienda, ¿no habrá presiones para tratar de que la reabran? Después de todo, el personal tiene un sindicato fuerte.

Esa mirada adelante —que Sharon y Rick no echaron— resultaría ser la correcta. El sindicato presionó a la gerencia por la reapertura de la tienda. La gerencia aceptó hacerlo, a condición de que la manejase una cooperativa de trabajadores. La administración no tendría nada que ver y se limitaría a permitir que los empleados dispusieran gratis del espacio.

Sharon y Rick perdieron todo. No porque no fueran capaces de mirar hacia delante, sino porque no trataron de hacerlo. No se preguntaron cómo evolucionaría la situación con el tiempo. Confundieron una gran oportunidad momentánea con una gran oportunidad a largo plazo.

Prever por todos nosotros

No nos engañemos. Poder ver qué hay más allá de las esquinas del tiempo es otra forma de decir brillantez. Todos podemos intentarlo. Todos podemos destacarnos en la clase simplemente por recordar intentarlo. Pero hacer un gran trabajo en la materia no es fácil.

Por lo tanto, me impuse un desafío. ¿Cómo puede la gente común como usted o como yo mirar hacia delante si nos falta la inteligencia brillante de los pocos elegidos?

La respuesta es que hay ciertas reglas básicas en la evolución de las cosas con el correr del tiempo. Si sólo por recordar mirar hacia delante usted accede al 10 por ciento privilegiado, teniendo en cuenta esas reglas básicas podrá formar parte del 10 por ciento privilegiado de la gente que recuerda mirar hacia delante. Eso significa estar en el selecto 1 por ciento.

¿Qué son simplificaciones? ¡Por supuesto! ¿Simplificaciones exageradas? No si son útiles.

Cómo saber qué pasará cuando usted no sabe qué pasará

Mire hacia delante – Regla n° 1: Lo que pasará es lo que es más probable que pase.

Esta regla dice, muy simplemente, que es difícil pelear contra las probabilidades y ganar. Si usted quiere mirar hacia delante y calcular cómo resultarán sus diferentes opciones, fíjese en las probabilidades. Cuando usted tiene que operarse del corazón, por ejemplo, se fija en el doctor y en el hospital que tengan más experiencia y más alto porcentaje de éxito. Eso es obvio.

Cuando nos metemos en problemas y empezamos a violar la Regla n° 1 es cuando empezamos a imaginar que hay excepciones. Nos decimos a nosotros mismos que esta vez es diferente. Inventamos una historia de por qué esta vez las probabilidades no se aplican en nuestro caso.

Pero las probabilidades se aplican siempre. Si usted comienza a involucrarse con alguien que tiene un pasado de toxicómano, esa persona tiene muchas más probabilidades de meterse en problemas con el alcohol o las drogas que alguien sin ese pasado. Si usted mira hacia delante y es honesto consigo mismo, las probabilidades le dirán qué encontrará en el camino.

Eso no significa que usted no pueda asumir riesgos. Sólo significa que si asume un riesgo, debe respetar las probabilidades que tiene en contra. De modo que si usted es joven, hermosa y talentosa, y quiere ir a Hollywood y convertirse en una estrella, como un millón de otras personas jóvenes, hermosas y talentosas, ¿por qué no? La Ley n° 3 —Busque todas las cosas buenas que pueden pasar— siempre se aplica. Pero las probabilidades están en su contra, y si usted mira adelante tendrá que decir que posiblemente no se convertirá en una estrella. Puede seguir aspirando a ello, si quiere, pero puede ser una aspirante inteligente. Cubra su apuesta, desarrolle una carrera alternativa, y no se prepare usted misma un desastre para el caso de no lograrlo.

Cuando usted trata de mirar hacia delante, pregúntese cuáles son realmente las probabilidades y deje que eso guíe su decisión.

Mire hacia delante – Regla n° 2: La característica más llamativa de la opción que usted está considerando siempre tendrá una enorme incidencia en el resultado de la decisión.

Jessica estaba considerando dónde estudiar para doctorarse en historia. Tenía dos ofertas principales de admisión. Una era de Yale, la otra de Cambridge. Yale tenía una gran reputación, pero Cambridge también, y el hecho de que estuviera en Inglaterra la hacía más atractiva.

Pero Jessica se olvidó de mirar hacia delante. Ir a Cambridge, Inglaterra, era interesante y romántico, pero estudiar allí sería algo más que eso. Lo más notable de estudiar en el extranjero es que uno está estudiando en el extranjero. Es diferente.

Fue un desastre. Jessica era de rendir más de lo esperado. Trabajaba duro, pero no era un genio natural. Su laboriosidad la había llevado lejos, pero las dificultades adicionales que significaban aquellas pautas nuevas y más exigentes la abrumaban. Allí tenían un sistema de súperexámenes para el que no estaba preparada. Era necesario arreglárselas completamente sola durante meses, con menos orientación de la que ella estaba acostumbrada a tener; entonces, de repente enfrentaba un examen más difícil que cualquier otro que hubiera dado en su vida. Además, competía con los estudiantes ingleses que habían crecido en ese sistema. Jessica finalmente tuvo que abandonar.

Entonces, cada vez que compare opciones, analice las características más obvias de cada opción. Pregúntese qué significarán para usted esas características al cabo del tiempo. Lo que pesa hoy problablemente pesará mañana. No lo minimice.

Mire hacia delante – Regla n° 3: Las estructuras básicas serán las mismas.

Cada vez que oigo decir a alguien, "Esta vez es diferente", busco mi revólver, metafóricamente hablando, porque casi nunca es diferente. Sí, tal vez usted sea uno de esos pocos sujetos brillantes que tienen la capacidad de distinguir esos cambios sutiles que transforman el mundo antes de que nadie se dé cuenta, pero las realidades básicas y generales difícilmente cambien y, si usted está tratando de mirar hacia delante, le conviene contar con que no lo harán.

¿De qué tipo de realidades básicas estoy hablando? Aquí va una: hacer dinero es difícil. Ni siquiera las calles de Silicon Valley están pavimentadas con oro. Es más probable que estén pavimentadas con los huesos de aquéllos que pensaron que allí era fácil hacer dinero. Si usted está escogiendo entre diversas oportunidades de negocio y huele dinero en alguna parte, vaya tras él, pero mientras mira adelante no piense ni un instante que hacer dinero no será duro. Otra de esas realidades es que el tiempo nunca alcanza. ¿Está tratando de planificar algo? No cuente con hallar tiempo.

Hay algo sorprendentemente sólido en quienes toman buenas decisiones. Saben cómo funcionan las cosas y no piensan que esta vez será distinto.

Mire hacia delante – Regla n° 4: Cualquier cosa que falte o que sea defectuosa crecerá en importancia con el tiempo.

Yo llamo a esto la regla de la piedrita en el zapato. Si usted tiene una piedrita en el zapato, no se irá sola y usted no podrá ignorarla. Se quedará allí y el dolor aumentará. Cuando trate de ver el resultado posible de sus opciones, busque el problema que cada una de ellas pueda tener. Luego, haga lo que haga, no lo minimice ni piense que se acostumbrará.

Suponga que usted está eligiendo entre dos empleos. Uno es un poco mejor que el otro, pero le queda muy lejos. Usted dice que aguanta. Que es trabajador. Decide entonces ignorar la distancia y el tiempo de viaje como un factor en su decisión. Si usted mirase hacia delante de manera adecuada, vería que las piedritas en el zapato como el viajar mucho todos los días se vuelven cada vez más insoportables a medida que pasa el tiempo.

Al tratar de ver cómo resultarán sus opciones, sepa que los problemas pequeños se harán grandes y los problemas grandes se harán horribles.

Mire hacia delante – Regla n° 5: El dinero siempre es importante.

No me interprete mal. No estoy diciendo que el dinero sea la esencia y el fin de todo. No estoy diciendo que el dinero compre la felicidad, o usted deba organizar su vida en torno al dinero. Todo lo que hago es, a partir de las conversaciones que he tenido con gente que ha revisado sus buenas y malas decisiones, avisarle que los buenos tomadores de decisiones, cuando miran hacia delante, jamás subestiman el papel que tiene el dinero.

En general, cuando están ante dos ofertas de trabajo, dos opciones de estudio, dos lugares posibles donde vivir, los buenos tomadores de decisiones eligen la opción que les representa más dinero. También gastan menos que los malos tomadores de decisiones y, si pueden hacerlo, no gastan nada. Por ejemplo, montan negocios con el dinero de otra gente y se privan de las vacaciones; ponen su dinero en una cuenta de ahorro.

Digamos que usted quiere pasarse la vida ayudando a los oprimidos. Un buen tomador de decisiones bien podría decidir hacer eso, pero siempre observará la Regla n° 5: El dinero siempre es importante. Encontrará la forma de ganar más, gastar menos y ahorrar más.

Estas cinco reglas son de gran utilidad para aquéllos que nos preciamos de ser realistas. Convalidan nuestro enfoque básico. No quiero decirle que no sea un soñador o un pionero, pero la gente que toma buenas decisiones no confunde una apuesta difícil con creer que seguramente la ganará.

Las cinco reglas pueden resumirse en una sola palabra: prudencia. No actúe hasta no haber evaluado las cosas.

No confunda mi dureza con negativismo. Si estoy siendo duro, es para salvar la esperanza, no para eliminarla. Yo soy el optimista más grande del mundo. Y después de todo, tomar buenas decisiones es la única forma de hacer que la vida sea estupenda.

Si usted es implacable, puede ser que la luna se le caiga encima, pero estará salvando su optimismo y su esperanza. Nada amenaza tanto la esperanza como no ser realista con respecto a lo que sucederá realmente si usted hace lo que está pensando hacer.

En las historias de ciencia ficción siempre alguien retrocede en el tiempo, pisa una hormiga o mata una mosca, y ese pequeño acto pone en movimiento una cadena de hechos que cambian completamente el futuro. Todos somos viajeros del tiempo. Estamos aquí en un momento único, y todo el futuro de nuestro mundo personal depende de nuestras decisiones. Mire hacia delante y trate de vislumbrar el futuro en el que vivirá el resultado de su decisión.

Ley n° 7

CONVIERTA LAS DECISIONES IMPORTANTES EN UNA SERIE DE DECISIONES MENORES

¿Qué paso pequeño puede dar hacia una decisión?

Un problema que se da cuando debe tomar decisiones importantes es que usted tiene muy poco en que basarse. Los malos tomadores de decisiones saltan a lo desconocido o no hacen nada. Los buenos tomadores de decisiones tienen un arma secreta para equilibrar la necesidad de actuar y la necesidad de saber qué demonios están haciendo. Es una arma secreta que en realidad todos usamos constantemente.

Anoche estuve a punto de hacer sacrificar a mi gata. Pero no lo hice. Y me alegro de ello. Tomé una buena decisión, pero habría sido fácil tomar el camino equivocado. Verá usted, mi gata está muy vieja; ya no es tan rápida ni tan ágil como era antes, y tiene sus días. No obstante, la mayor parte del tiempo anda por la casa muy bien. Se trepa a los muebles, sale y duerme en el jardín. Se excita cuando ve pájaros por la ventana. Aunque está un poco más apagada, si yo tuviera que apostar diría que Tippy disfruta su vida.

Pero tiene hipertiroidismo, un par de veces la fuerza y el apetito la abandonaron por completo. Mi esposa y yo juramos que si volvía a caer en uno de esos estados y no se la podía recuperar, la haríamos sacrificar.

Anoche fue diferente. La pobre Tippy tuvo un ataque, como si de golpe hubiera perdido todo sentido del equilibrio. Pasaba de aplastarse contra el suelo como un gato en el techo de un coche en movimiento a dar vueltas y agitarse como un gato que siente que está cayendo y trata de enderezarse. Debió haber sido terrible para ella. La llevaremos al veterinario y la haremos sacrificar, pensé. Nadie merece soportar semejante tortura.

Pero la Ley n° 6 —convertir las decisiones importantes en una serie de decisiones menores— vino en nuestra ayuda. Hacer sacrificar a una gata que uno tuvo durante veinte años es una decisión importante. Infinitamente menor es la decisión de observarla un rato. ¿No podía tratarse de un ataque único y aislado? (Recuerde la Ley n° 3: Busque todas las cosas buenas que puedan pasar.) Así que esperé y la observé. Pasó un rato; Tippy durmió un poco. Y con cada minuto que pasaba parecía estar algo mejor. Resolví ver cómo pasaba la noche. Otra pequeña decisión.

A las cinco de la mañana, Tippy estaba bien. No tuvo otro ataque. Hasta el día de hoy sigue siendo una gata fuerte para su edad. Al descomponer esa decisión importante en pequeños pasos, evitamos tomar una decisión errada e irrevocable.

Cómo dar un paso cada vez

La utilidad de esta ley no se limita al trato con gatos viejos. Los generales, hombres de estado y líderes empresarios de éxito la aplican todo el tiempo.

Permítame aclarar qué significa aplicar esta ley. No significa esperar o no hacer nada. Significa dejar que pequeñas decisiones le muestren cuál es la decisión importante. El procedimiento es éste:

Paso 1: Despliegue sus opciones

Como verá más tarde, los grandes tomadores de decisiones siempre mantienen los ojos abiertos por si pasaron por alto una opción, y siempre tratan de crear opciones nuevas. Los tomadores de decisiones realmente malos siempre dicen, "Sólo tenía una opción". Por eso, con el Paso 1, vea cuáles son todas sus opciones.

Paso 2: Pregúntese cuál de sus opciones puede descomponerse en pequeños pasos

Esto es muy importante. La respuesta obvia es elegir la mejor opción. El problema es que usted no sabe cuál es la mejor opción. Así que en vez de hacer conjeturas al azar, elija la opción que le permita ir tanteando el camino y obtener información a medida que avanza. No elija la opción que le exija dar un paso importante e irreversible.

Cuando Tippy tuvo el ataque, mi primer pensamiento fue que hacerla sacrificar era la mejor opción. Pero yo no sabía realmente qué le pasaba. La otra opción, esperar y

Esto equivale a una revolución en lo que respecta a tomar decisiones. En lugar de hacer algo porque usted supone que es lo mejor que puede hacer, dé pasos pequeños, obtenga más información, y después finalmente decida. No es cuestión de conjeturar y avanzar. Es cuestión de saber.

observar, tenía la suprema virtud de permitirme obtener más información.

Esto equivale a una revolución en lo que respecta a tomar decisiones. En lugar de hacer algo porque usted supone que es lo mejor que puede hacer, dé pasos pequeños, obtenga más información, y después finalmente decida. No es cuestión de conjeturar y avanzar. Es cuestión de saber.

Paso 3: Después, dé ese pequeño paso que genera información

Usted está tomando aquí una decisión, pero está tomando una decisión pequeña, menor, basada no tanto en lo que es mejor, sino en aquello que le dará el máximo de información sobre su situación con el menor compromiso posible.

Suponga, por ejemplo, que le han ofrecido dos buenos empleos. Uno de ellos, el que usted considera que es su mejor opción, es en Londres. El otro es cerca de casa; usted tiene la posibilidad de tantearlo. Puede pasar un par de días en el lugar, colaborando extraoficialmente en un proyecto con alguna de la gente con la que usted trabajaría. Pues bien, ésa es la dirección en la que debe ir.

Tome la decisión menor para conseguir más información cuando pueda hacerlo. Si esa compañía de la segunda opción resulta ser fabulosa, usted puede quedarse allí. Si, como usted previó, la oferta resulta no ser tan atractiva, avance entonces con su idea original.

Cuando la información es escasa, use las pequeñas decisiones para generar la información que necesita a fin de tomar su decisión mayor.

Paso 4: Dé otro pequeño paso que le brinde más información

Si el trabajo de Londres es una decisión suficientemente importante, tómese el tiempo para ir a verlo también. Vea, yo soy realista. Uno no siempre puede tantear todo y uno no siempre puede descomponer todo en pequeños pasos. Pero la gente que toma buenas decisiones intenta hacerlo. No busca solamente esa única opción que tiene un cartel luminoso que pone, "Ésta es la gran decisión que debe tomar". Busca pequeños pasos generadores de información que lo pondrán en la mejor posición posible para cuando haya que dar el gran paso.

Paso 5: Cuando la información que ha reunido le señale claramente una dirección u otra, avance y tome su decisión principal.

Cuando vea que no va a obtener más información, la demora se convierte en su enemiga.

Muchas personas esperan demasiado. La información nunca les parece suficiente. Siguen dando vueltas y vueltas, esperando que alguna pieza del rompecabezas caiga del cielo y les esclarezca todo. La gente que toma buenas decisiones no se queda todo el tiempo sopesando sus opciones. Por el contrario, da pasos pequeños, obtiene la máxima información que puede y toma sin demora su mejor decisión.

Tomemos las citas, por ejemplo. Las citas representan un aspecto de nuestra vida donde la mayoría de nosotros hemos demostrado conocer esta ley. Las citas en un café antes que las citas en un restaurante. Las citas cortas antes que las citas largas. Las citas de besarse antes que las citas de acostarse. Irse juntos a alguna parte largos fines de semana antes de empezar a convivir. Dé un paso, obtenga información; luego, basado en esa información, dé otro paso. Esos pasos le dirán si quiere pasar su vida con esa persona o si usted quiere conocer a otra.

Prudencia en acción

Algo notable de los buenos tomadores de decisiones es eso. Que eligen. Actúan. Deciden. No se sientan por ahí chupándose el pulgar de la incertidumbre. Saben que cuando uno no tiene nada mejor en qué basarse, la acción es mejor que la inacción.

Pero si los buenos tomadores de decisiones son resueltos, también son prudentes. Uno podría pensar que es una contradicción. La prudencia aconseja esperar y observar. La resolución dice no. ¿Cómo reconciliarlas?

Esta ley las hace entrar en una sociedad de trabajo. Usted consigue prudentemente una información, y da un pequeño paso. Consigue prudentemente más información, y da resueltamente otro pequeño paso. Usted nunca se compromete sino lo mínimo indispensable como para poder distinguir mejor el horizonte.

El nombre de esto es Método de Aprendizaje de Resolución. Los mejores tomadores de decisiones saben que uno está siempre en un proceso continuo de crecimiento. Las decisiones de hoy siempre pueden generar nuevos aprendizajes. Pregunte a Steven Jobs, el fundador de Apple. ¿Qué le pasó cuando dejó la compañía? Lo que había aprendido de sus decisiones le permitió avanzar hacia nuevos y más interesantes desafíos, incluido su regreso a Apple para salvar la empresa.

Probarlo en funcionamiento

La acción entendida como una forma de tomar mejores decisiones es una idea muy eficaz. Probablemente sea por eso que es tan popular entre la gente que toma buenas decisiones. El Método de Aprendizaje de Resolución ejemplifica ese principio. Otra versión de ese principio es lo que se llama el período de prueba.

Quizás usted está estancado en un trabajo espantoso y no sabe si buscar un nuevo empleo o volver a la universidad. O quizá tiene un negocio y no sabe si expandirlo o dejar las cosas tal como están. Esto es lo debe hacer.

Someta sus opciones a un período de prueba. Durante una semana entera, empezando el lunes por la mañana, viva como si hubiera elegido resueltamente una de sus opciones. Por ejemplo, viva como si hubiera decidido casarse con la más segura, más dulce, pero ligeramente más frívola de las dos personas con las que se está viendo. O viva como si hubiera resuelto volver a la facultad. O como si no pensara expandir su negocio.

Psicológicamente, lo que está haciendo es encerrrarse en un cuarto con su opción durante una semana.

¿Qué sucede durante ese período de prueba? ¿Su ansiedad decrece? ¿Comienza a sentirse más feliz? ¿O tiene una sensación creciente de incomodidad y descontento? ¿Es una semana buena para usted, o es una mala semana?

El domingo por la noche haga una evaluación. ¿Cómo calificaría esa opción en una escala que va de 10 como máximo positivo hasta 10 como máximo negativo?

El siguiente lunes por la mañana, inicie un período para la otra alternativa. Viva una semana como si fuera eso lo que va a hacer. Vea cómo se siente durante la semana, y el domingo por la noche evalúe nuevamente la experiencia. Usted ha probado su decisión en funcionamiento. Escoja la opción que le parezca mejor.

A veces las cosas no son tan claras como uno esperaba. Revise las sensaciones que le produjo el período de prueba. Digamos que usted estaba tratando de elegir entre dos empleos. Uno era mejor que el otro en todos los aspectos excepto el dinero, pero el dinero resultó ser una cuestión muy importante cuando usted convivía con sus opciones. Tal vez deba vivir con menos dinero ahora para ganar más dinero en el futuro. Tal vez el empleo con más dinero sea en un estado que cobra impuestos más altos. Tal vez usted necesite darse la oportunidad de decir que el dinero no es tan importante como había pensado primero. Su período de prueba sacó a la luz un problema que usted necesitaba explorar más profundamente.

Tal vez al cabo de dos semanas de prueba usted no pueda encontrar ninguna diferencia entre sus dos alternativas. ¿Qué hacer?

Si no tiene que elegir ya mismo, dése más tiempo. Ley n° 2: No decida hasta no estar preparado.

Si hay una fecha límite para decidir y ambas opciones le parecen igualmente buenas, ¿por qué no echar a suerte? Ése es un recurso absolutamente válido para tomar decisiones cuando usted encuentra igualmente buenas las dos alternativas. Así que eche a suerte con una moneda y adelante, siga avanzando.

Cuando usted ha reunido toda la información que puede y sigue estando en duda, la acción es mejor que la inacción. Eso lo pone en el camino de ser un gran tomador de decisiones.

Todo el mundo sabe que se debe tratar de obtener más información para tomar mejores decisiones. El arma secreta de un gran tomador de decisiones es que a veces debe tratar de tomar más decisiones para obtener mejor información.

USTED SIEMPRE TIENE MEJORES OPCIONES

¿Qué otras opciones son mejores que las que ha considerado?

Me encanta el doctor Spock. Cuando yo nací, mis padres confiaron en sus consejos, y mi esposa y yo confiamos en sus consejos con nuestros propios hijos. Era nuestro pediatra adentro de un libro.

Pero tenía un pequeño consejo —valioso en su contexto— que sin querer ejemplifica cómo gente que es buena se convierte en gente que toma malas decisiones. Digamos que usted lleva a su hijo a una tienda para comprarle un nuevo abrigo. El niño tiene seis años, es demasiado pequeño para elegir su abrigo, pero querrá tener algo que decir en la decisión. ¿Qué hace usted? ¿Le dice que se calle, eliminándolo del proceso y haciendo que se sienta inútil? ¿Le da todo el poder de decisión a un niño de seis años? No. El doctor Spock sugiere sabiamente que usted seleccione dos abrigos que considera aceptables y diga a su hijo: "¿Cuál de estos abrigos quieres?" como si fueran los únicos abrigos que hay en el mundo.

He visto funcionar ese método un millón de veces. Yo usaba la misma táctica para hacer que mis hijos se fueran a dormir. No les decía: "Es hora de ir a la cama", porque ellos siempre tenían su propia opinión al respecto. En lugar de eso, les decía: "¿Quieren que los lleve a la cama en brazos o montados sobre los hombros?" Si tenían en principio alguna opinión sobre ir o no ir a la cama, yo la ignoraba y les hablaba de las ventajas de cada alternativa. Las opciones que les ofrecía los distraían y siempre caían en la trampa.

Es un gran método cuando se trata de niños, pero terrible cuando uno es un adulto y la vida le da un menú limitado de opciones y uno responde como si esas fueran todas las opciones posibles.

Siempre hay más opciones

Ésta es una de esas veces en que una debilidad básica hace frente a una fuerza natural que todos tenemos. La debilidad básica es la facilidad con que nos hipnotizan las opciones que consideramos. Gracias a Dios tenemos la fuerza natural de buscar nuevas opciones, una fuerza que compensa holgadamente nuestra debilidad si se lo permitimos. En realidad no es nada especial. Pensar en nuevas posibilidades es simplemente otra forma de decir inteligencia básica. Sólo tenemos que permitirnos ser listos.

Un sujeto se acerca de golpe a usted en la calle, en plena noche. "El dinero o la vida", le dice, como psicólogo inteligente que es. ¿Qué hace usted? Si usted es como la mayoría de nosotros, se siente de repente aterrado, paralizado y encerrado en un universo rígido donde hay dos y sólo dos opciones. ¿Cuál elige?

Mira Kirshenbaum, mi compañera de vida y la persona a la que recurro cada vez que necesito ayuda con alguna decisión, enfrentó una situación muy similar a ésa. Con el instinto de una gran tomadora de decisiones, demostró el valor de esta ley: usted siempre tiene una mejor opción.

Ella tenía 16 años y vivía en un alto edificio de apartamentos en el Lower East Side de Manhattan. Una noche volvió tarde a su casa. Un joven se metió con ella en el ascensor, sacó un cuchillo y le dijo: "Ven conmigo a la escalera o te mato aquí mismo". Mira imaginó qué le esperaba en aquella escalera.

Como a todos nosotros cuando enfrentamos una decisión, se le ofrecía un margen de opciones extremadamente rígido y estrecho. Violación o muerte.

Mira, una chica lista, le dijo: "Oye; mi madre no está en casa. ¿Por qué tenemos que ir a la escalera? Podemos ir a mi apartamento". Actuó fría, amistosamente. Le cambió de golpe los papeles. Ella le ofrecía a él un margen de opciones rígido y estrecho. Relación sexual con el riesgo de ser descubierto en la escalera o relación sexual sin ese riesgo en el apartamento. Esas limitades opciones lo hipnotizaron y optó por el apartamento, por supuesto.

Lo que Mira sabía era que su madre, una mujer a la antigua, estaba todo el tiempo junto a la puerta del apartamento esperándola como solía hacerlo y que abriría la puerta no bien oyera llegar el ascensor. Cuando se abrió la puerta del ascensor y Mira salió al pasillo, su madre inmediatamente comenzó a gritarle por llegar tarde. El tipo oyó los gritos, se asustó y apretó el botón de descenso.

Mira hizo algo muy arriesgado; yo jamás recomendaría a alguien que imite al pie de la letra lo que ella hizo. El punto que estoy tratando de señalar es que usted puede salvarse de tomar malas decisiones dándose siempre, siempre, más opciones. Cuanto más convencido esté de que no hay más opciones, más decidido debe estar a descubrir opciones nuevas.

Sólo tiene que mirar

Los buenos tomadores de decisiones siempre dicen cosas como:
- ***Estoy seguro de que podemos encontrar otra opción.***
- ***¿Son éstas nuestras únicas opciones?***
- ***No decidamos hasta no encontrar más opciones.***

Si no se le ocurren más opciones, tómese tiempo para buscar más. Pida ayuda. Le mostraré cómo generar nuevas opciones, pero sepa esto: si se conforma con las primeras opciones que se le presentan, usted está en serio riesgo de encaminarse a una mala decisión. Le ha cedido el control a un reducido menú de posibilidades. ¿Por qué hacerlo? Si usted se pasara una noche en París, ¿no consideraría comer en otro restaurante que el que está más cerca de su hotel?

Los buenos tomadores de decisiones siempre dicen cosas como:

- Estoy seguro de que podemos encontrar otra opción.
- ¿Son éstas nuestras únicas opciones?
- No decidamos hasta no encontrar más opciones.

Yo creo apasionadamente en concentrarse en el poder que tienen las grandes decisiones para generar grandes vidas. Tomar decisiones no es otra cosa que hacer que la vida sea maravillosa. Es cierto, existen los castillos en el aire, pero no dejemos que nos impidan ver las horribles consecuencias de tomar decisiones erradas. Y le aseguro: analice cualquier decisión mala —una decisión realmente necia— y siempre encontrará detrás a alguien que nunca miró más allá de un margen limitado de opciones.

Las malas opciones generan malas decisiones

Hable con personas que hayan cometido un delito violento. Casi siempre es la misma historia. Se les mete en la cabeza cometer un homicidio, por ejemplo, y eso es todo. Eso no es lo mismo que ser impulsivo. Esas personas a menudo tienen mucho tiempo, más que suficiente para cumplir el requisito legal de "reflexión previa". Hacen algo semejante porque una vez que se les mete la idea en la cabeza, no la cuestionan ni se ofrecen una alternativa.

Como dijo escalofriantemente un joven asesino: "Taché las otras alternativas", queriendo decir que se había negado a considerar cualquier otra cosa.

Y aquí estamos nosotros, llevando una buena vida en nuestro agradable barrio, preocupándonos porque nos multan por exceso de velocidad y sintiéndonos fácilmente superiores a esos jóvenes criminales. Pero no seamos tan arrogantes.

Piense en alguna mala decisión que haya tomado. Escoja una al azar. Sintonícela con aquel momento particular de su historia personal, con lo que estaba pasando en su cabeza. Escuche. Apuesto a que se oiría a sí mismo diciendo cosas como: "No tengo alternativa", o "Sencillamente debo hacer esto". Tal vez no oiga nada, sólo el silencio interior que nos llena cuando tenemos una idea en la cabeza acerca de hacer algo, y se acabó. La lancha que usted tenía que tener. La motocicleta. El viaje a París cuando estaba sin empleo. La pulsera de Tiffany. Aquella vez en que usted y su inadecuada pareja dijo: "Casémonos", y usted siguió adelante y lo hizo.

Siempre parecen tan buenas ideas... Usted sencillamente tachó las alternativas.

Para que no le pase, ajuste su radar para detectar cualquiera de las siguientes situaciones de peligro:

- se le mete de golpe una idea en la cabeza como *la* cosa que debe hacer
- parece que hubiera sólo una o dos alternativas
- alguien lo fuerza y le hace creer que usted sólo tiene una o dos opciones

Ahora bien, tenga cuidado. En ese momento es posible que usted se sienta muy orgulloso de su persona. Es posible también que esté en el peor peligro de su vida. Cuando sienta que sus opciones son limitadas, precisamente en ese momento es cuando debe generar otras opciones. Existen. Podrá descubrirlas.

Usted está buscando apartamento y encuentra uno que podría estar bien, y el agente inmobiliario le dice que debe hacer una oferta hoy mismo porque hay otro interesado. Suena como opciones limitadas, ¿no es así? Entonces significa que hay otras opciones y usted necesita descubrirlas.

¿Qué otras opciones? Bueno, ése no es el último apartamento que hay sobre la tierra. Si no es exactamente lo que usted quiere, y si usted de hecho no lo ha comparado con algún otro que podría conseguir, ¿cómo sabe que vale la pena obstinarse?

En cuanto a lo de perderlo, ¿cómo sabe que lo perderá si no hace una oferta ese día? En primer lugar, puede ser que en realidad no haya ningún otro interesado. Si usted espera y aparecen otros compradores interesados, ¿qué? Usted hace una oferta. Mientras no oferte más de lo que está dispuesto a pagar, ¿cuál es el problema?

La historia de Molly.

Hablando de bienes raíces; apenas terminó la universidad, Molly comenzó a trabajar de agente inmobiliaria. Sus padres habían estado en el negocio de los bienes raíces, y ella quería hacer carrera en eso. Pero no le estaba yendo muy bien. Un día, finalmente, su jefe se acercó a ella y le dijo: "Molly, tengo que dejarte ir."

Me encanta la parte que sigue. "No, no tiene": dijo Molly. Aquello lo confundió. El hombre no comprendía qué le estaba diciendo Molly y en un primer momento pensó que la joven había entendido mal. "No —dijo Molly—. Sé que piensa que tiene que prescindir de mí, pero no tiene que hacerlo."

"Molly, te estoy despidiendo."

"No, no lo está haciendo."

El jefe no había imaginado siquiera que alguien pudiese responderle de ese modo. Esperaba lágrimas, y ruegos, pero no la simple negativa a aceptar lo que él consideraba una situación no negociable.

Molly pensó rápidamente y le planteó una especie de trato por el que ella se quedaría y trabajaría sin cobrar. Estaba fuertemente convencida de que pronto concretaría un par de ventas. Su jefe fue lo suficientemente inteligente como para darse cuenta de que uno no echa a un vendedor que no sólo no acepta un no como respuesta, sino que ni siquiera ve el no.

De la historia de Molly usted puede aprender una lección que lo ayudará a recordar esta ley: uno no necesita saber cuáles son sus otras opciones para saber que tiene otras opciones.

No cometa el error de arrancar diciendo: "No tengo otra opción, a menos que de alguna forma descubra otra opción". Es al revés. "Siempre tengo una opción, a menos que después de mucho buscar haya agotado todas las opciones."

Y nunca piense que ha agotado todas las opciones.

Si está ante una decisión importante y siente que sus opciones son pocas, desacelere el proceso. Si alguien le impone una fecha tope, niéguese a aceptarla. Si va a perder una opción por una fecha tope artificial, piérdala, porque usted nunca querrá verse forzado a elegir entre opciones limitadas. En tal caso, busque al menos a alguien con experiencia y conocimientos relacionados con la decisión que enfrenta. Le garantizo que esa persona le planteará opciones que usted no había imaginado.

Ley n° 9

CONSIGA LO NECESARIO PARA SENTIRSE SEGURO

¿Qué está haciendo para ocuparse de sus necesidades de seguridad?

Cuando se trata de tomar decisiones importantes, la mayoría de nosotros nos pasamos demasiado tiempo preocupándonos por prever de qué manera pueden salir mal las cosas y muy poco tiempo creándonos concretamente un marco de seguridad.

La seguridad no es un estado. Es un equilibrio. Usted puede tener mucha seguridad si avanza con suma lentitud, asume pocos riesgos, evita todo lo que sea nuevo y desconocido y pone la mayor parte de su energía en tratar de tener tanto control como sea posible. O usted puede avanzar, hacer que las cosas sucedan, agitar la situación, arriesgarse al rechazo, atravesar las fronteras y, posiblemente, perder una buena cuota de seguridad en el proceso.

La mayoría de las personas encajan en uno de estos dos grupos. O son víctimas del Síndrome de san Sebastián, o presentan un caso de Complejo de Ícaro. ¿En cuál de ellos encaja usted? No es que uno sea mejor que el otro. La cuestión es saber cómo funciona usted, para que pueda procurarse una verdadera seguridad en el momento de tomar decisiones.

El Síndrome de san Sebastián

San Sebastián es el que usted ve en los cuadros, con un halo en la cabeza y el cuerpo lleno de flechas. Así fue como lo martirizaron. Usted tiene el síndrome de san Sebastián si aborda las decisiones con temor a que lo hiera algún problema, alguna flecha desconocida. El peligro acecha en todas partes, y su miedo le parece lógico porque usted tiene conciencia, constantemente, de las diversas maneras en que las cosas pueden salir mal. De hecho, el saber que las cosas pueden salir mal lo hace sentirse listo y poderoso.

Saber dónde acecha el peligro es bueno. Temer que ese peligro aceche en todas partes es malo. En lo que respecta a tomar decisiones, la gente que tiene el síndrome de san Sebastián se mete en problemas cuando llega al punto en que no puede avanzar.

El Complejo de Ícaro

La gente que padece complejo de Ícaro se encuentra en la situación opuesta. Ícaro era el hijo de Dédalo, el hábil inventor que aparece en la mitología griega. Demasiado seguro de sí mismo, Ícaro construyó un par de alas hechas con plumas y cera, y voló por el cielo, cada vez más y más alto. Al acercarse al sol, la cera se derritió, las alas se deshicieron, e Ícaro cayó a tierra hallando la muerte.

Aquellos que tienen complejo de Ícaro actúan primero y se lamentan después. Si acaso el sol derrite la cera de sus decisiones precipitadas, contemplan sus "debería haber hecho" mientras caen de las alturas.

La gente que tiene complejo de Ícaro no se toma suficientemente en serio sus necesidades de seguridad. "Si me preocupo por las cosas, no hago nada", dice. O "¿Qué podría salir mal?" O "No hay que preocuparse, puedo manejar cualquier cosa que pase."

Descubrir y satisfacer sus necesidades de seguridad

El complejo de Ícaro y el síndrome de san Sebastián son dos maneras de meterse en problemas. Con una, uno no le presta suficiente atención a la seguridad. Con la otra, uno le presta atención excesiva.

Es hora de que dejemos de sentirnos atrapados por uno u otro de esos comportamientos. Cualquiera sea el comportamiento en el que usted encaja, es hora de conseguir lo que necesita para poder avanzar como un Ícaro, sin temor a ser atacado de todos lados como le ocurrió a san Sebastián, pero sin la imprudencia de Ícaro. Una vez más, tenemos los tres temas de la prudencia, la acción y la esperanza de lo maravilloso.

Los buenos tomadores de decisiones tienen una solución sorprendente y sencilla para este problema aparentemente insoluble. Básicamente dicen, "Sí, los peligros pueden ser ilimitados pero, a los fines prácticos, si identifico la cosa principal que necesito para sentirme seguro al avanzar y veo el modo de conseguirla, me sentiré libre para avanzar y seguir adelante con mi decisión". Fíjese en esto: no buscan todo lo que necesitan. Buscan aquello que sea más importante para sentirse suficientemente seguros a efectos de avanzar.

Eso es entonces lo que usted y yo haremos ahora. Lo ayudaré a descubrir su principal necesidad de seguridad cuando enfrenta una decisión capital e intimidante. Éstas son las cosas más comunes que la gente necesita para sentirse segura en distintas situaciones. A medida que describo cada una, pregúntese, "¿Si lograra eso, me sentiría suficientemente seguro para tomar mi decisión como yo quiero?"

Si le parece que tiene la mayoría de estas diferentes necesidades de seguridad, probablemente usted sea un san Sebastián. Ve venir peligro de todas partes. La solución en su caso es obligarse a decir cuál de las necesidades lo hará sentirse más seguro si logra satisfacerla.

Si le parece que no tiene ninguna de estas necesidades de seguridad, probablemente usted sea un Ícaro. Corre el riesgo de ponerse en peligro sin darse cuenta. En su caso, oblíguese a decir qué necesidad considera probablemente la más importante.

Necesidad de seguridad nº 1: "Necesito saber qué es lo peor que puede pasar, y necesito saber que es sumamente improbable o que tengo control sobre lo que pase o que estaré bien aunque pase".

Hablo de lo que uno oye de boca de individuos que toman buenas decisiones. "¿Qué es lo peor que puede pasar si hago esto?", suelen decir. Para mucha gente, centrarse en lo peor que puede pasar es su cuestión de seguridad número uno, y es todo lo que esa gente necesita para cuidar de sí. Los hombres y mujeres valientes que durante la segunda guerra mundial sirvieron como agentes detrás de las líneas enemigas para la Oficina de Servicios Estratégicos empleaban ese enfoque. Ésa es la razón para la cápsula de cianuro. Lo peor que les podía pasar era que los mataran. Aquello era la guerra. Los hombres y las mujeres arriesgaban su vida cada día. Pero mucho peor que la perspectiva de que los mataran era que los capturaran, los torturaran y los obligaran a dar los nombres de otros agentes. La cápsula de cianuro era la seguridad que cada espía tenía de que lo peor que les podía pasar no les pasaría.

Pero no seamos demasiado dramáticos. Cualquiera sea la clase de decisión que usted tome, preguntarse qué es lo peor que puede pasar puede hacerla suficientemente segura para que usted avance. Ir a una cita a ciegas, por ejemplo. ¿Qué es lo peor que puede suceder? Que la otra persona sea horrible. En ese caso usted dice que le duele la cabeza y se marcha al poco rato. Montar un pequeño negocio. ¿Qué es lo peor que puede pasar? Que quizás usted pierda todo su dinero. Entonces pida préstamos y forme una sociedad. De esa forma no todo el dinero que pierda será suyo y no será responsable de toda la deuda.

Preguntarse qué es lo peor que puede pasar es una excelente medicina para la gente que sufre ya sea el síndrome de san Sebastián o el complejo de Ícaro.

Si usted teme que lluevan los problemas desde todas las direcciones, como le pasó al pobre san Sebastián, preguntarse qué es lo peor que puede pasar lo concentrará en el peligro más importante. Se sentirá mucho más cómodo al no preocuparse de los peligros menos relevantes.

Y si usted tiene el complejo de Ícaro, he aquí cómo moderar su audacia:

- Considere sus distintas opciones. Para cada opción, pregúntese qué es lo peor que puede pasar en términos realistas. Si no es muy probable que suceda en realidad, tal vez no valga la pena considerarlo en su decisión.
- Pregúntese si puede protegerse contra lo peor que pueda pasar. Por eso es que los montañistas llevan cuerdas. Por eso es que los recién casados hacen arreglos prenupciales. De hecho, en casi todas las cosas que hacen los seres humanos casi siempre es posible procurarse protección contra lo peor que pueda pasar.
- Pregúntese si superará la peor cosa que pueda pasar. Si usted se permite enamorarse de alguien y esa persona le rompe el corazón, ¿está usted definitiva y realmente destrozado para siempre? Muchas veces, si pensamos con claridad sobre "lo peor", nos damos cuenta de que nuestro pánico es desproporcionado en relación con las dificultades reales pero superables que enfrentamos.

¿El poder concentrarse en la peor cosa que pueda pasar le dará lo que usted necesita para sentirse seguro?

Concentrarse en la peor cosa que pueda pasar es una manera de hacer manejables sus necesidades de seguridad. Si "lo peor" resulta no ser tan malo, los peligros que usted enfrenta se reducen en importancia. Mientras haya únicamente una sola cosa mala, usted puede concentrarse en hallar protección, en vez de tener que buscar seguridad por todas partes.

Necesidad de seguridad n° 2: "Necesito sentir que puedo echarme atrás a último momento si hace falta".

Piense en esto como Ícaro con un paracaídas. Con esa necesidad, en tanto usted sepa dónde están las salidas y sepa que puede llegar a una salida, tendrá todo lo que le hace falta para sentirse suficientemente seguro para avanzar.

Don, como Ícaro, era hijo de padre famoso, un conocido promotor inmobiliario que había ganado y perdido fortunas en los vaivenes del mercado de bienes raíces en Boston. Don fue criado para entrar al negocio de la familia, pero él lo odiaba. Se sentía casi paralizado cada vez que enfrentaba una transacción. Temeroso de que la gente lo considerase incompetente, daba elaboradas explicaciones de por qué convenía ser cauto. Pero como McClellan, el general que Lincoln despidió por no pelear nunca, Don nunca cerraba un trato.

Pronto comenzó a sentirse muy mal consigo mismo. Gracias a la ayuda de un psicólogo, comprendió que necesitaba sentir que podía arrojarse con paracaídas si hacía falta. Ésa era su necesidad de seguridad. Evidentemente los bienes raíces no eran una actividad para él. En ese terreno, cada proyecto es una misión suicida, y los tipos como Don son alérgicos a las misiones suicidas.

Era claro que Don nunca podría satisfacer su principal necesidad de seguridad quedándose en bienes raíces, allí no había ninguna retirada potencial. Entonces se le ocurrió la idea de manejar la considerable carpeta de acciones de su familia. Allí Don se sentía en su salsa. Tomar decisiones arriesgadas en el mercado de valores no era ningún problema para Don. La extrema liquidez de las transacciones le permitía fácilmente lanzarse con paracaídas de una situación si el sol empezaba a derretir sus alas de cera.

¿Saber cómo salir de una situación le dará lo que necesita para sentirse seguro?

Si la historia anterior lo describe, usted logrará satisfacer su necesidad de seguridad buscando situaciones para las cuales pueda hallar una salida de antemano.

Necesidad de seguridad n° 3: "Necesito sentir que toda la gente que me importa aprueba mi decisión".

Al igual que Don, Vera manejaba las carpetas de una famosa familia de Boston dedicada a fondos de inversión. A diferencia de Don, Vera había crecido sin dinero. Manejaba con eficiencia una carpeta de nueve cifras, aunque, en su vida personal, no lograba quitarse de encima la sensación de que 20 dólares era mucho dinero. ¿Cómo llegó Vera a sentirse emocionalmente capaz de disparar en decisiones multimillonarias?

Vera empezó como analista de inversiones. Aquello le era fácil: sólo un montón de investigación y manejo de cifras. Lo hacía tan bien que le ofrecieron manejar su primer carpeta. Cuando entró en pánico y dijo que no sin pensarlo, su jefe, un hombre perspicaz, le dijo rápidamente, "No estarás sola, ¿sabes? Nosotros no trabajamos así. Tendrás tu propio equipo, y en cierto modo nosotros esperamos —bueno, en realidad exigimos— que la gente que está en tu puesto consulte con otros gerentes de fondos. En todo caso, te quejarás de que interferimos en tu trabajo".

Aquellas palabras fueron la llave de la cerradura para Vera. ¿Qué pasaba si se convertía en gerente de fondos? No estaría sola. No tendría que tomar ninguna decisión que un puñado de otra gente no hubiera aprobado antes. Las posibilidades de pérdidas, de bajo rendimiento, no la intimidaron. En tanto otras personas estuvieran con ella, se sentía segura.

¿Lo hará sentirse seguro saber que la gente que le importa aprueba sus decisiones?

Si usted se encuadra en esta categoría, logrará satisfacer su necesidad de seguridad teniendo su minigabinete de asesores y consejeros que lo acompañen cuando atraviesa el proceso de tomar sus decisiones. Sólo suba esa gente a bordo con usted, y adelante.

Necesidad de seguridad n° 4: "Necesito saber a qué estoy jugando y cómo se gana".

Mucha gente que toma buenas decisiones consigue sentirse segura simulando que la vida es un juego y averiguando las reglas para jugar y ganar. Melanie había soñado con lanzar su propia revista. No una revista más, sino una revista realmente lucrativa, aunque fuera pequeña. Quería hacer eso porque le encantaba el negocio de la música y editar una revista podía darle un lugar en ese negocio.

No obstante, para cualquiera de sus decisiones Melanie necesitaba saber cómo jugar ese juego. Las citas, por ejemplo. Ella acostumbraba pensar que el juego en ese caso era conseguir un muchacho, cualquier muchacho. Pero las cosas seguían saliendo mal. Seguía relacionándose con jóvenes que no le gustaban y a quienes ella no gustaba cuando veían que Melanie no estaba siendo ella misma. Entonces comprendió que para ganar el juego necesitaba saber de antemano todo lo que pudiera acerca del muchacho, y mostrarse ante él como realmente era. Se sintió segura cuando pudo entender el verdadero juego.

En cuanto a lo de la revista —dedicada a cubrir el ambiente del rock alternativo— Melanie descubrió que el juego era reunir un público que interesara a los anunciantes. No era que desease convertirse en una mujer de negocios, sino que el entender su juego particular como un negocio la hacía sentirse segura para avanzar y hacer que las cosas sucedieran. En lugar de pasarse el tiempo al principio desarrollando el contenido, Melanie habló con posibles anunciantes y les preguntó por la clase de gente a la que les gustaría llegar.

¿El saber exactamente qué juego está jugando le dará lo que usted necesita para sentirse seguro?

Si piensa que es así, usted logrará la seguridad que necesita para avanzar entendiendo cómo funcionan realmente las cosas —y sobre todo cómo funciona el éxito— en la opción, cualquiera sea, que esté pensando elegir.

La seguridad es un tema capital e intimidante en lo que respecta a tomar decisiones. No queremos estar paralizados, pero no queremos ser imprudentes. Es fácil que uno se sienta abrumado. La gente que toma buenas decisiones camina por la línea que está entre el miedo y la imprudencia. Si usted piensa en todos los peligros posibles, se quedará paralizado. Si ignora los peligros posibles, chocará y se quemará. Si recuerda preguntarse qué es lo más necesario para sentirse seguro y ve el modo de conseguirlo, estará ocupándose de sus necesidades de seguridad.

Ley n° 10

HAGA LO QUE QUIERE DE VERDAD

¿Está usted seguro de haber obedecido el deseo de su corazón?

Aclaremos una cosa de entrada. No debe haber ningún malentendido en esto. Los grandes tomadores de decisiones no andan por ahí haciendo todo lo que quieren. Uno no toma grandes decisiones si hace siempre lo que quiere. ¿Queda claro?

Bueno. Ya le dimos el lugar debido a la responsabilidad.

Pero cuando uno revisa buenas y malas decisiones, sigue comprobando una y otra vez que la gente que toma las buenas se pregunta qué quiere de verdad y le da mucha importancia a lo que quiere de verdad.

En un alarmante número de casos, usted verá que las personas que tomaron una mala decisión jamás se preguntaron qué querían en realidad. Las mejores decisiones se construyen sobre la base de los verdaderos deseos de uno, de lo que uno quiere para sí.

Mucha gente, lamentablemente, se deja arrastrar tanto por los hechos, por el impulso que trae su vida, por el clamor de otras personas, por el puro hábito, por el miedo al

Pero cuando uno revisa buenas y malas decisiones, sigue comprobando una y otra vez que la gente que toma las buenas se pregunta qué quiere de verdad y le da mucha importancia a lo que quiere de verdad.

fracaso o por el temor a la vergüenza, que desatiende esa cuestión crucial. ¿Qué quiere uno para su vida, para sí? La gente que toma las mejores decisiones es igual al resto de nosotros. No siempre sabe de entrada la respuesta a esa pregunta. También tiene sus responsabilidades. Pero no toma decisiones importantes hasta no cavar y llegar al sitio donde puede ver lo que quiere.

Cavar hasta el deseo del corazón

Aquí es donde se pone complicado. Lo que usted dice que quiere, lo que usted supone que quiere, no es lo mismo que lo que usted realmente, pero de verdad, quiere. Ahí es donde la gente se mete en problemas.

Tengo la suerte de haber observado a dos mujeres en las sesiones de un grupo de apoyo para gente que enfrenta decisiones trascendentales. Ambas estaban embarazadas, y la decisión que enfrentaban era si debían o no volver a trabajar una vez que nacieran sus respectivos hijos.

Una, Carol, era asesora de gestión empresarial. La otra, Lizzie, trabajaba en publicidad. Ambas tenían maridos que ganaban lo necesario para vivir decentemente. Ambas se estaban acercando a los 40 años y esperaban su primer hijo. Cuando empezaron a hablar, Carol tenía resuelto que, al nacer su niño, ella se quedaría en casa los primeros años para criarlo. Lizzie había decidido que volvería al trabajo tan pronto como pudiera.

Ambas dijeron lo mismo, casi con las mismas palabras: "Lo he pensado, y es realmente lo mejor para todos. Además, es lo que quiero".

Carol continuó diciendo: "Mira, yo creo que un niño necesita a su madre. Ningún extraño puede darle lo que puede darle una madre. No quiero tener hijos para que los críe otra persona. Desde ya que no tengo familia cercana que pueda ayudarme, pero, aunque la tuviera, seguiría queriendo el estar junto al niño en todos los momentos especiales. Si no, ¿para qué tener hijos?"

Lizzie dijo: "Sé lo que sientes. Yo sentía lo mismo. Pero luego vi que... mira, nosotros necesitamos el dinero, y no sé si podré retomar mi carrera donde la dejé si la interrumpo ahora. Sé que habrá cosas que me perderé. Pero lo siento, yo creo realmente en la calidad del tiempo que uno dedique. Mi hijo sabrá quién es su madre y yo siento que tengo una vida para vivir."

Siguieron hablando, pero sin que ninguna pretendiera cambiar la idea de la otra. Ése no era el objeto del grupo. Sólo querían ayudarse mutuamente a resolver dificultades potenciales en el camino que cada una estaba a punto de tomar.

A lo largo de aquella semana y de la siguiente, las charlas fueron arrojando nueva información. Carol había dicho inicialmente que su esposo "apoyaba" su decisión de quedarse en casa con el niño, pero resultó ser que, en realidad, la estaba presionando muy fuertemente para que hiciera eso. Si bien era cierto que Carol realmente quería ser una buena madre, ella había tenido una relación conflictiva con su propia madre, una mujer exigente y fría con Carol, a pesar de haber sido una de esas madres hogareñas. Carol ansiaba mucho poder dar a su hijo lo que ella no había recibido de su madre: amor, aceptación y atención.

Lizzie había hablado de su carrera, pero la verdad era que arrastraba problemas con su baja autoestima desde hacía mucho. El decir "trabajo en publicidad" siempre le daba estímulo, pero de hecho su trabajo de gerente comercial le parecía agotador, sin sentido y a veces humillante. Su madre había muerto cuando Lizzie tenía siete años. Lizzie sentía que desaprovecharía su vida siendo madre. Aquello le dejó un hueco en el corazón. Al no sentirse bien consigo misma, temía no saber qué hacer cuando le tocara desempeñar ese rol. La maternidad la aterrorizaba.

En las semanas siguientes, Carol y Lizzie se reunieron varias veces fuera del grupo para tomar té y seguir conversando. Sus charlas pronto adquirieron una extraña dinámica, como pude observar por sus detallados informes. Cada una me contó del enorme apoyo que le significaba la otra. Demasiado apoyo. Tanto que ambas mujeres empezaron a desconcertarse. Carol me dijo: "Si a Lizzie le parece tan bien que yo me quede en casa con mi bebé, ¿por qué ella no hace lo mismo?" Lizzie me dijo: "No es sólo que Carol diga que está bien, sino que me hace sentir que volver al trabajo es infinitamente mejor que abandonar el empleo para convertirme en una madre hogareña. Por momentos tengo la impresión de que está viviendo vicariamente mi situación". Yo empecé a sentir que ambas mujeres se negaban a reconocer lo que realmente querían: tal vez nunca se habían molestado en preguntarse cuál era el verdadero deseo de su corazón. Si no se ponían rápidamente en contacto con sus deseos más profundos, ambas corrían el riesgo de tomar decisiones que luego lamentarían.

Vea usted, tener un puñado de opiniones y actitudes y explicar con seguridad lo que uno quiere no es lo mismo que indagarse verdadera, honesta y profundamente para ver qué es lo que uno quiere en realidad.

Carol y Lizzie se estimularon mutuamente hasta provocar una crisis. Debería estar contenta —me decía cada una—, pero no lo estoy.

"Mira —le dije a cada una—, has cavado, es cierto, pero no creo que te hayas preguntado qué es lo que de verdad quieres. Sí, ya sé, tú sabes lo que crees que debes saber. Sabes lo que otra gente quiere para ti. Sabes a qué le temes. Sabes qué es más fácil. ¿Pero has cavado bien hondo para ver qué es lo que quieres cuando eres absolutamente honesta contigo misma?"

Esto es lo que pasaba con cada una. Carol, que en principio había decidido ser una madre hogareña, se dio cuenta de que tenía miedo de reñir con su marido, de que quería ser mejor que su madre, de que temía que el volver a trabajar la hiciera ser igual a ella. Se dijo a sí misma que estaba cansada, aunque no tanto como para necesitar un descanso de diez o veinte años en su carrera. Comenzó a decir a sus amistades que se quedaría en casa, y le daba vergüenza cambiar de planes públicamente.

El hecho era que en realidad Carol quería volver al trabajo después de unos meses. Le gustaba ser asesora. Le gustaba su independencia económica. Si bien la emocionaba la idea de ser madre, le daba pánico la idea de quedar atrapada en casa y no tener su propia vida.

A Lizzie le sucedía lo contrario. La maternidad la aterrorizaba y tenía miedo de no estar a la altura del desafío. Pero también la emocionaba la idea de comprometerse en ese rol de manera exclusiva.

Da miedo pensar que uno está a punto de tomar una decisión y se inclina por una opción cuando de hecho la que prefiere es la otra. Carol y Lizzie muestran claramente cómo caemos en la trampa de cerrar los ojos a lo que realmente queremos.

Una decisión no es sólo que las cosas "resulten". Es lograr lo que usted quiere en el fondo de su corazón. Cuando se satisfacen sus deseos, y no cuando las cosas salen bien o muy bien, es que una decisión demuestra ser la buena.

Conectarse con lo que usted realmente quiere

Aquí hay cuatro lecciones que lo ayudarán a conectarse con lo que usted quiere de verdad cuando se encuentre ante una decisión importante:

- *Usted no sólo toma una decisión*

Usted vive una decisión. Es como comprar una cama. En teoría puede ser estupenda, pero si no le resulta cómoda cuando se acuesta, no es una buena cama para usted.

Cuando trata de conectarse con lo que realmente quiere, concéntrese en la experiencia, no en la teoría. Concéntrese en cómo se sentirá en la práctica esa decisión, no en lo que usted supone que debe ser. No hay peligro de exagerar. Cuando piense en vivir esa decisión, ¿cómo se sentirá el domingo por la noche, el lunes por la mañana, todo el miércoles, el jueves por la tarde? La decisión que usted realmente quiere es la decisión con la que puede vivir día tras día.

■ *Tiene que preguntarse qué querría si ninguna de las personas que pesan en su vida estuviera en el cuadro*

Aceptémoslo. Sin ninguna duda queremos que la gente que nos importa sea feliz, y somos felices cuando esa gente es feliz; pero no es ésa la base de lo que más queremos. Por ejemplo, su cónyuge o su amante quiere tener hijos y vivir en el campo. Usted no quiere hijos y quiere vivir en la ciudad. Para usted, una vida con hijos es como una barca cargada de anclas. Usted prefiere mucho más la paz y la tranquilidad de una vida sin hijos, en la gran ciudad. El egoísmo es malo, pero pregúntese, "¿Qué querría si estuviera completamente solo?" Es una forma muy efectiva de ponerse en contacto con sus verdaderos deseos.

■ *Apártese de la corriente del mundo y vea qué quiere usted en realidad*

A menudo perdemos contacto con lo que más queremos porque ponemos los hechos en movimiento demasiado después y luego esos hechos nos arrastran. En el trabajo, por ejemplo, tal vez haya un proyecto que usted piensa que le gustaría encarar. Dirigirlo podría ser bueno para su carrera, así que empieza a hablar con la gente. A los demás les gusta: se suben al carro, le dan buenas ideas, comienzan a trabajar en el mismo. Hay sólo un problema: cuanto usted más lo analiza, menos quiere llevarlo a cabo. Pero está toda esa gente que ya ha invertido mucho. Las reuniones celebradas, los contratos negociados, los sueños emprendidos no son ningún sustituto para sus verdaderos deseos.

La gente que toma buenas decisiones no tiene por qué conocerse a sí misma mejor de lo que cualquiera se conoce a sí mismo. No hace falta ser el Rey o la Reina del Autoconocimiento. Simplemente niéguese a dejar que una idea, una creencia o una persona contaminen su percepción de lo que usted quiere.

Considérelo de este modo. Imagínese un sitio lleno de gente hablando a voz en cuello. En el centro de ese salón está usted, y con la voz baja y serena de su verdadero yo está diciendo clara y simplemente qué es lo que usted quiere. ¡Pero están todas esas voces! Esas voces son reales, pero no son su voz.

La gente que toma malas decisiones se deja distraer, confundir y desviar por otras voces. La gente que toma buenas decisiones jamás deja que la voz de nadie ahogue sus intentos de descubrir lo que quiere de verdad.

Ley n° 11

SI NO ES SENCILLO, NO FUNCIONARÁ

¿Está usted haciendo las cosas más complicadas de lo que necesitan ser?

Como abogada querellante, Donna infundía terror a las empresas cuyos productos causaban algún daño a los clientes. Donna era una guerrera, y una guerrera ganadora. Pero en lo referido a su boda, tenía las mismas fantasías que tienen muchas mujeres. Quería la espléndida, grandiosa e impactante boda de sus sueños. Un millón de invitados. Cisnes, helicópteros, músicos que se pasearan entre las mesas, barcas... Busby Berkeley junto a Cecil B. DeMille.

No sólo quería una gran boda; quería una boda complicada. La empresa organizadora de la boda le ofreció distintos paquetes, pero ella quería una fiesta a medida. Era como si llevara un cartel diciendo, "Compliquemos la cuestión todo lo posible".

¿Cómo cree usted que resultaron las cosas? Bueno, déjeme preguntarle algo. ¿Qué pasó la última vez que usted trató de coordinar una salida un viernes a la noche con tres parejas amigas? ¿Salió todo tan bien como había calculado?

Todo habría estado bien si Donna hubiese sido de esa clase de personas que se toman las cosas tal como vienen. Pero los querellantes de categoría A no suelen ser así. De modo que, al irse produciendo los incontables y predecibles pequeños desastres, Donna perdió la chaveta. Los desastres se debieron a dos causas principales. Primero, créase o no, la boda y la recepción tuvieron lugar en tres lugares distintos. Segundo, la programación de la música, la comida y el entretenimiento era compleja y detalladísima. La logística era sencillamente imposible, y no hubo manera de ensayar nada. Invitados, músicos y camareros se aparecían en el momento equivocado en el lugar equivocado.

Fue un desastre innecesario, basado en una mala decisión. La razón de que los buenos tomadores de decisiones se ocupen siempre de que las cosas sean sencillas es que conocen el poder y la eterna aplicabilidad de la ley de Murphy. Si algo puede salir mal, saldrá mal. Cuantas más formas haya de que las cosas salgan mal, más probable será que las cosas salgan mal.

Cómo mantenerse alejado del fracaso

Debería ser tan simple basar siempre sus decisiones en lo más sencillo... El motivo por el cual necesitamos recordar siempre esta ley —Si no es sencillo, no funcionará— es que nos sentimos tentados muy fácilmente a hacer cosas complicadas. Éstas son algunas creencias que nos meten en complicaciones:

- Creemos que una justificación elaborada de lo que estamos por hacer es más inteligente que una justificación sencilla.
- Creemos que podemos asumir una situación complicada y hacerla funcionar.
- Sentimos que solamente un cuadro muy complicado hace justicia a nuestro complicado sentido de la realidad; entonces la sencillez sería una traición a nuestra realidad.
- Creemos que alguna opción sumamente complicada, como la boda de Donna, es tan atractiva que las complicaciones no importan.
- Nos gusta pensar que podemos manejar fácilmente las complicaciones. No queremos considerarnos incapaces de manejar las cosas menos sencillas.

Pero si usted escucha a la gente que toma buenas decisiones, la oirá sin cesar decir cosas como éstas:

- Bueno, ¿cuál es la opción más sencilla? Elijamos ésa.
- No quiero hacer eso. Complicará demasiado las cosas.
- Tiene que haber una forma más sencilla de hacer esto.
- Si quieres convencerme, tendrás que simplificar mucho tus argumentos.

Seguir esta ley es fácil, pero hay que ser fuerte. Cada tomador de decisiones es como un congresista en un salón lleno de seductoras mujeres; y las complicaciones son estas mujeres. Si usted resiste la tentación, le irá bien, pero eso le exige hacer algo que no es común. Rodeado de complicaciones seductoras, usted tiene que aferrarse a la idea de que la sencillez es maravillosa. Y eso es difícil, porque la sencillez no es atractiva. Usted no puede fanfarronear entrando a un salón llevando a la sencillez tomada de su brazo.

Pero en el mundo de la toma de decisiones, los ganadores optan siempre por la sencillez. Se mantienen firmes y hacen de ella una prioridad en y por sí misma.

Pero en el mundo de la toma de decisiones, los ganadores optan siempre por la sencillez. Se mantienen firmes y hacen de ella una prioridad en y por sí misma.

Piense en las últimas malas decisiones que ha tomado. Hay buenas probabilidades de que en algún momento, de alguna forma, usted se haya envuelto en complicaciones. La gente que toma malas decisiones siempre está diciendo, "Debería haber simplificado las cosas."

Permítame que desglose esto, para que esta ley le resulte totalmente clara.

- *Una sola prioridad es mejor que muchas prioridades.*

Usted está pensando en irse de vacaciones; ésta es la primera vez en muchos años que tiene cuatro semanas enteras para usted mismo. Hay muchas cosas que podría hacer, y hay muchas cosas que le gustaría hacer. Pero los que pasan las mejores vacaciones se concentran en una sola prioridad.

Imagínese qué magníficas vacaciones podría tener si su única prioridad fuera descansar.

O tal vez podría ser conocer Machu Pichu. ¡Maravilloso! Un buen uso de unas vacaciones que sólo se dan una vez en la vida, si es eso lo que más le gustaría.

Nos sentimos tan privados de hacer cosas, y hay tantas cosas que quisiéramos hacer... La tentación de obsequiarse unas vacaciones de cuatro semanas con un enorme surtido de posibilidades puede ser abrumadora. Es como hacer una maleta: a uno siempre le parece que puede meter algo más.

¡Cuidado! La gente que pasa las mejores vacaciones es aquélla que quiere hacer la menor cantidad de cosas y las más sencillas.

Ese principio se aplica en todo. Suelo hablar con gente joven que piensa en iniciar su carrera; he notado que la gente que tiene una única prioridad —el dinero, o vivir en el campo, o ayudar a los demás— termina feliz con la carrera que elige. La gente que tiene muchas prioridades, tal vez porque tiene padres o hermanos exitosos con los que se compara, tiende a vacilar, tropezar y sufrir. No puede tomar buenas decisiones hasta que no reduce sus prioridades.

Pocos principios son tan importantes en los negocios como éste. Steve Case, en AOL, ha hecho un gran trabajo porque tiene una sola prioridad. Crear un punto en Internet a través del cual deba fluir todo lo demás. Sin distracciones. Sin confusiones. No es fácil, pero nada es más eficaz que el tener una sola prioridad para generar la posibilidad de que algo maravilloso suceda.

■ *Un procedimiento sencillo para decidir es mejor que uno complicado.*

Yo trabajé en *Demasiado bueno para irse, demasiado malo para quedarse*, un libro para ayudar a tomar la decisión de seguir manteniendo o no una relación problemática. Mientras lo escribía, descubrí algo sorprendente. La gente que tomaba malas decisiones o que directamente no lograba decidirse (lo cual es en sí mismo una mala decisión), utilizaba procedimientos muy complicados para resolver qué hacer. Era típico que hicieran largas listas de pros y contras.

Qué poner en esas listas y qué importancia dar a cada ítem siempre se hacía complicado. Era común que la gente tuviera largas conversaciones con amigos, porque hablar con otras personas es un procedimiento para tomar decisiones, pero a menudo sus diferentes amigos tenían diferentes opiniones, y las cosas se ponían más complicadas aún.

Pero fíjese en lo que hacía la gente que resolvía con éxito esa difícil decisión. Se formulaba una pregunta por vez. Por ejemplo, "¿Nos gustamos uno al otro?" ¿No? Entonces, ya está. Si no nos gustamos uno al otro, ¿cómo podemos amarnos? Gustarse es la base del amor.

El punto es que ésa no es una pregunta brillante. Es una pregunta sencilla, honesta, concreta. Llega hasta el corazón de una verdad importante. ¿Qué procedimiento más simple puede haber que el hacer una pregunta así cada vez?

Hay quienes dicen que esto es demasiado simple, pero todos los que se quejan de la sencillez en realidad se están permitiendo el halago de sí mismos: "Yo soy demasiado inteligente y agudo y genial para satisfacerme con la sencillez. Alguien con un corazón y una mente tan grandes como los míos puede manejar las complicaciones".

La gente que se queja de las simplificaciones exageradas tiende a ser la misma que resulta incapaz de decidirse; así toma una y otra vez la decisión equivocada.

¿Cuáles son algunas recetas simples para tomar la mejor decisión? Depende de la situación.

- Si es una decisión que implica cuestiones técnicas, pregunte a tres expertos y acepte la opinión mayoritaria. O recurra al experto que tenga más experiencia en su problema específico.
- Si es una decisión que implica más incertidumbre que la habitual, escoja la que le parezca la mejor opción (¿qué procedimiento podría ser más sencillo que éste?), pero haga las cosas dando pequeños pasos y uno a uno. Recuerde el Método de Aprendizaje de Resolución y déjese guiar por el mismo.
- Si todo lo demás fracasa, antes de intentar otra cosa, utilice la Ley n° 1: *Concéntrese en lo más importante*. Cualquiera sea la cuestión principal en su decisión, excluya todas las demás y déjese guiar por ella.
- Si usted lleva tiempo dándole vueltas a una decisión y no puede elegir entre dos opciones, pida al amigo cuya opinión respete más que decida por usted. Aunque usted no esté de acuerdo, al menos eso le hará pensar y ponerse en movimiento.

■ *Una opción sencilla de implementar es mejor que otra complicada.*

Por eso Donna se metió en problemas. En la mayoría de las decisiones, las cosas no terminan cuando tomamos la decisión. Después debemos lograr que la decisión funcione. Digamos que usted está pensando en tomar un empleo; tiene dos trabajos posibles. Uno es bueno, el otro es deslumbrante. Bueno, antes de emocionarse, pregúntese cuál es el trabajo en el empleo de la opción deslumbrante.

En otras palabras, ¿qué tiene que pasar para que a usted le vaya bien en el empleo deslumbrante? ¿Sería muy complicaddo? ¿Cuántas cosas tendrán que andar bien y cuánto control tendrá usted sobre esas cosas? Por ejemplo, ¿qué pasa si en ese trabajo deslumbrante hay mucha política y la gente que ya está allí no quiere que usted tenga éxito? El trabajo bueno no es el único al que le resulta fácil decir que sí, pero es el único en el que es fácil que usted tenga éxito.

La clave para recordar esta ley y aplicarla exitosamente es resistirse a la seducción de lo complicado. Se han hecho algunos experimentos como éste: se dan dos explicaciones diferentes de un principio científico a personas que lo desconocen. Una explicación sencilla, que es correcta. Y una complicada que es falsa. Una y otra vez, la gente se inclina por la segunda explicación. Se inclina por ésta sólo porque es complicada. La complicación nos parece correcta; eso es equivocado.

¿Usted quiere ser un triunfador en los negocios? Vaya siempre a las reuniones con una propuesta muy sencilla y una explicación muy complicada de por qué es buena. Ganará en ambos sentidos. Jamás olvide que los verdaderos triunfadores, en última instancia, siempre son fieles a la sencillez.

Nunca pase por alto la opción que es más sencilla de entender y más fácil de llevar a cabo. Si encuentra una opción que es simple de entender y de realizar, acéptela. Actuando de esta manera, se sorprenderá de la frecuencia con que hallará el éxito y la satisfacción.

TENGA EL CORAZÓN OPTIMISTA Y LA CABEZA PRUDENTE

¿Esperar lo mejor y protegerse de lo peor están equilibrados?

¿Quién tiene razón? ¿Los optimistas? ¿Los pesimistas? ¿O hay algún enfoque posible entre las dos posiciones, que sea la actitud perfecta cuando uno toma una decisión?

¿Incluso importa?

Una vez más, el doctor Foster está feliz de traerle buenas noticias. Efectivamente, existe una actitud correcta, una actitud que todos podemos desarrollar en nosotros mismos.

La actitud correcta armoniza el optimismo y el pesimismo y consigue equilibrio natural, cada actitud haciendo valer sus derechos, como dos niños de cuatro años que juegan juntos en un arenero, cada uno mejorando porque el otro está presente.

En un diálogo entre su corazón y su cabeza, ¿sabe cuál tiene razón? Los dos.

La actitud correcta armoniza el optimismo y el pesimismo y consigue equilibrio natural, como dos niños de cuatro años que juegan juntos en un arenero, cada uno mejorando porque el otro está presente.

Desequilibrio

La mayoría de nosotros no ha encontrado un equilibrio entre optimismo y pesimismo. Nos parecemos tanto a Emma como a Josh. Fíjese cómo uno y otro se hallan en peligro por poner el acento únicamente en una actitud. ¿A cuál se parece usted?

La optimista

Emma es una optimista. Particularmente en su trabajo, donde es gerente de personal de una importante firma industrial de tecnología de punta situada en una zona pobre de la ciudad. La empresa necesita constantemente nuevos operarios de montaje. Los costos de capacitación son altos, los costos del fracaso de los empleados son altos, pero el requerimiento de nuevos empleados para la firma es incesante.

Casi todos los ingresantes al nivel inicial tienen problemas o déficit en su formación. Emma quiere creer lo mejor de la gente. Quiere sentir que cada nuevo contratado podría convertirse algún día en director ejecutivo. Quiere confiar en sus historias acerca de cómo se toparon con dificultades y de por qué esas dificultades los persiguen. Quiere cambiar el mundo mediante la magia transformadora de su poder de contratación.

Emma es una idealista que trabaja en un mundo de tecnología de avanzada construido sobre un substrato de idealismo; en principio no hay nada malo en eso. Necesitamos a los idealistas. SIn embargo, en la práctica muchas veces Emma se sorprende a sí misma contratando candidatos cuestionables, habitualmente con la anotación: "Debería andar bien, pero hay que vigilarlo". Demasiados de ellos no andan bien. Como advierte su jefe con toda claridad, los contratados nuevos que fracasan son más de los que debería haber.

Por eso Emma siempre está en guerra consigo misma. Sigue diciéndose: "Tengo que ponerme firme. No puedo dejar que me pisoteen". Fantasea con ser la pesimista de mirada desconfiada y expresión cínica que es su alter ego, la que jamás contrataría a alguien que no garantizara prácticamente cumplir con lo que se espera. Y cuando Emma pasa al modo pesimista, como hace cada tanto, de repente es muy poca la gente contratada. Es como si Emma impusiera por su cuenta un congelamiento de contrataciones en la compañía.

Ella odia verse en esa actitud, y los ejecutivos de la fábrica empiezan en seguida a acosarla con peticiones de nuevos operarios. Al poco tiempo su optimismo vuelve a dominar.

Emma está en una senda peligrosa. Como tomadora de decisiones, se arriesga a meterse en problemas demasiadas veces por ser demasiado optimista. He visto esto antes: el optimismo conduce al exceso de compromisos, y esto conduce al desastre, y esto conduce al desaliento. Un día el optimismo se viene abajo y ya no puede volver a levantarse. ¿Qué hay más deprimente que un ex optimista pesimista? Pero como usted verá, nada de esto es necesario.

El pesimista

Josh es exactamente lo opuesto. Es un pesimista que tiene constantemente flirteos fallidos con el optimismo. Josh también es un tomador de decisiones en su empleo. Trabaja en el renglón del desarrollo para una importante productora cinematográfica independiente, de Hollywood. Sobre su escritorio están los proyectos que le dejan sus jefes y los lectores de la compañía. De hecho, las anotaciones dicen siempre, "¿Podemos hacer algo con esto?"

La respuesta instintiva de Josh, su primera respuesta y, con demasiada frecuencia, su última respuesta, es no. Ahí está él, trabajando en una ciudad sedienta de buenas ideas, demonios, de alguna idea, y Josh ve el desastre en todas partes. Siempre hay un centenar de razones por las que tal o cual proyecto no puede ejecutarse bien, y después hay más razones para que resulten un fracaso aunque se ejecuten bien.

Josh es inteligente. Siempre formula sus memorandums en un estilo "Sólo estoy tratando de salvarnos de un desastre". Una comunicación clásica de Josh podría ser: "Esta película no funcionará sin Gwyneth Paltrow. Gwyneth Paltrow no hará esta película. Por lo tanto, esta película no funcionará."

¿Recuerda qué le pasaba a Emma? A Josh le pasa lo contrario. Un día, su jefe, un conocido productor, lo llamó a su oficina y le dijo, "Mira, si sólo quisiéramos que los proyectos desaparezcan en un agujero negro, podríamos enviarlos a tu oficina sin que tú estés allí. Tendríamos el mismo resultado y sería mucho más barato".

Josh se sintió presionado a pasarse al bando optimista, pero aquello lo enfermaba. Entonces dio luz verde a varios proyectos que fracasaron porque él no era capaz de equilibrar su desacostumbrado optimismo con un mínimo de prudencia. Al poco tiempo, por supuesto, estaba cayendo otra vez en el pesimismo.

Esto es lo nos pasa a todos cuando caemos en alguna de esas dos actitudes básicas. Nos sentimos cómodos en una de ellas, pero de tanto en tanto nos volcamos a la actitud contraria. Y cuando eso no funciona, caemos nuevamente en nuestra actitud original, pensando que, como tenemos más experiencia en ella, deberá funcionar mejor, aunque no sea cierto.

Encontrar el equilibrio

La gente que toma buenas decisiones se pregunta: "¿Por qué tengo que encerrarme en una posición o la otra? De hecho es más fácil y más libre adoptar ambas posiciones —el optimismo del corazón y el pesimismo del intelecto— al mismo tiempo".

En su corazón, usted ansía lo mejor y espera lo mejor. Usted sabe que las cosas buenas son posibles, y su corazón lo lleva a buscar maneras de que las cosas buenas puedan suceder. Su corazón siempre está buscando formas de convertir limones en limonada.

Su cabeza, sin anular a su corazón, sabe muy bien que las cosas pueden salir mal. Por eso lo lleva a descubrir posibles escenarios de desastre. Su cabeza trata de ver cómo podría volcarse el vaso de limonada.

Usted tiene la actitud correcta cuando tiene una actitud equilibrada. Cuando es constantemente optimista pero se niega a ignorar que algo pueda salir mal.

Tanto Emma como Josh tomaron conciencia de esta ley y procuraron desarrollar la actitud correcta. Al principio los dos temían que ni siquiera eso fuera posible. Pero nadie es el Hombre de Lata ni el Espantapájaros. Todos tenemos un corazón y un cerebro. Use ambos.

Emma elaboró un plan. Se basaba en la idea de que ella podría ahorrar a sus empleadores mucho dinero si aumentaba el porcentaje de nuevos contratados que funcionasen. Ahora bien, parte de esos ahorros se pondría en un "fondo de capacitación de empleados" para dar ayuda extra a los nuevos contratados que estuvieran en la zona de riesgo. Sus jefes lo aprobaron. Podrían vanagloriarse de ese programa ante la comunidad y les sería de gran valor para las relaciones públicas.

Emma comprobó que esperar lo mejor y estar al mismo tiempo preparada para lo peor generaba mejores decisiones.

Josh abandonó el negocio de dar luz verde a todo. En su lugar, determinó que aproximadamente el 10 por ciento de los proyectos que le llegaban tenían que ser prometedores. Sin hacer predicciones sobre el futuro, Josh buscaría el mejor de cada 10 proyectos. Luego, para cada uno de esos mejores hacía tres listas:

- Riesgos [posibles problemas con el proyecto].
- Necesidades [características que necesitaría el proyecto para funcionar].

- Oportunidades [mercados posibles y maneras de que ese proyecto pudiera llegar a esos mercados].

Al principio, Josh temió meterse en problemas por no dar luz roja ni verde a los proyectos que estaba promoviendo. Pero a su jefe le encantaba. Josh le estaba acercando más material para trabajar y mucho en qué pensar. Al considerar detalladamente los posibles pros y contras, Josh podía sacar partido de cualquier proyecto que resultara un éxito, mientras tenía asentado un registro que lo separaría de cualquier proyecto que resultara un fracaso.

Emma y Josh descubrieron una de las razones clave por las que esta ley es tan importante. La información es el alma de la correcta toma de decisiones. Fíjese que, por permitirse salir de una actitud puramente optimista o pesimista, Emma y Josh desarrollaron procedimientos que generaban más información de la que ellos habían tenido en el pasado. Josh produjo abundante información nueva sobre los proyectos que estaba analizando, y Emma hizo lo mismo con los nuevos contratados que corrían algún riesgo.

Oportunidad y prudencia pavimentan el camino a las buenas decisiones.

Su propio equilibrio

¿Cómo hace usted lo que hicieron Emma y Josh? No se pregunte si usted es básicamente un optimista o un pesimista.

En lugar de eso, revise algunas decisiones que quisiera haber resuelto de distinta manera. ¿Cómo se metió en problemas? ¿Fue sistemáticamente demasiado optimista o sistemáticamente demasiado pesimista?

Si fue decididamente una cosa o la otra, eso es lo que tiene que corregir, pero que no se le ocurra siquiera pasarse al otro lado. En cada decisión que enfrente de ahora en más, aténgase a su actitud básica, pero además agréguele información de la actitud opuesta.

Si en el pasado usted fue demasiado optimista, dígase, "Sí, las cosas podrían ser geniales pero, ¿cómo podrían salir mal? ¿Hay un par de formas en las que podrían salir mal? ¿Qué puedo hacer para protegerme de eso?" Si usted siempre está convencido de que puede ir al aeropuerto a último momento y llegar allí a tiempo para tomar su avión, piense en los embotellamientos de tránsito, por ejemplo, y deje que eso influya en su decisión de la hora de salida. Éste es el significado de tener una actitud equilibrada.

Si usted ha sido demasiado pesimista en el pasado, pregúntese:"¿De qué maneras las cosas podrían salir bien? ¿Qué puedo hacer para asegurarme de no excluir de antemano la posibilidad de una sorpresa agradable? ¿Qué puedo hacer para estar preparado si soy gratamente sorprendido? ¿Y por qué no seguir tratando de hacer que las cosas pasen, aunque esté preparado para los reveses, ya que es la única forma de que las cosas buenas tengan una oportunidad?" Diga sí de tanto en tanto a una cita a ciegas, tenga la ropa interior limpia y lleve un condón. ¿Por qué no puede dejar que su corazón diga "puede ser" aún cuando su cabeza diga "de ninguna manera"?

Tener una y sólo una actitud lo pone en peligro. Los optimistas ingenuos toman decisiones espantosas. Los pesimistas, directamente no eligen o hacen elecciones estrechas que constriñen la vida. La gente que toma las mejores decisiones se las arregla para cultivar simultáneamente las expectativas básicas de que las cosas pueden salir bien y saldrán bien, y la capacidad de preguntarse qué puede salir mal.

Ley n° 13

PÓNGASE EN SINTONÍA CON SUS PROPIAS PALABRAS

¿Recordó escucharse de verdad?

Ésta es la única ley que todo el mundo conoce, pero demasiada gente la conoce demasiado tarde. A veces cierro los ojos e imagino un mundo lleno de gente que va caminando por ahí, dándose una palmada la frente y diciendo: "Maldita sea, debería haberme escuchado a mí mismo". La realidad no está lejos de eso. En una encuesta, el 68 por ciento de la gente que tomó una mala decisión dijo que antes de tomarla sabía en su interior que algo estaba mal.

Parece muy fácil. Usted sencillamente se escucha a sí mismo y el camino a las buenas decisiones parece brillar ante sus ojos.

Pero, como usted sabe, si en verdad fuera tan fácil no existiría tanta gente que se da una palmada en la frente. Por eso es que vamos a averiguar cómo escucharnos a nosotros mismos.

Para escucharse de verdad a sí mismo, usted necesita saber qué debe escuchar, a qué debe estar atento. Recuerdo que cuando era adolescente, si tenía problemas con mi coche, mi padre me decía: "¿Como suena el motor?" Yo iba, escuchaba, volvía y le decía: "¿Qué debería escuchar?", porque en realidad no tenía idea. Hay cosas especiales e importantes que los buenos tomadores de decisiones esperan escuchar; le enseñaré cuáles son.

Qué escuchar

Ahí está usted, enfrentando la decisión más importante de su vida. ¿De veras está a punto de dejar su empleo y montar un negocio? ¿De veras piensa desarraigar a su familia y llevarla a Brasil para trabajar allí? ¿De veras va a tomar todos sus ahorros y empezará a invertir activamente en el mercado de valores? ¿De veras quiere retomar los estudios?

Un amigo le dice: "Ésa es una decisión muy importante. No escuches a los demás. Escúchate a ti mismo".

Entonces usted escucha y escucha y sólo oye... ruido.

Usted no está solo. Exactamente por eso es que ni usted ni yo nos escuchamos a nosotros mismos. No es que no lo intentemos. Lo intentamos, pero oímos tantas cosas que nos confundimos y terminamos mandando al diablo todo el asunto.

Pero la capacidad humana para distinguir entre el ruido y sintonizar con lo que uno realmente necesita oír es inmensa. Mi esposa y yo fuimos una vez a una reunión especial de padres en la escuela de mi hija. Yo estaba en un aula hablando con una maestra. En el pasillo, decenas de personas iban y venían. De repente, entre los incontables y confusos pasos, oí algo y dije: "Ésa es mi esposa". La maestra no podía creerlo, yo tampoco cuando vimos que era cierto.

Es sorprendente lo que uno puede oír cuando aprende a sintonizar. Bien, usted está enfrentando una decisión importante. La gente que toma buenas decisiones presta atención a estas cosas cuando se escucha a sí misma.

■ *Escúchese cuando dice: "Esto es lo que siempre he querido".*

Recuerde qué está buscando: esa opción única y singular, entre todas las demás, que lo hará feliz.

Nos confundimos porque hay muchas cosas positivas distintas que decimos sobre nuestras opciones. El error que cometemos es ponerlas a todas en el mismo saco. Así es que decimos: "Eso sería realmente inteligente", "Si no hago eso ahora, me perderé esta gran oportunidad", "Esto hará feliz a mucha gente", "Si esto funciona, me beneficiará mucho". Todas son cosas positivas. ¿Pero qué garantías presentan? Algunas de ellas podrían ser falsas o inducir a engaño. El mundo está lleno de planes inteligentes que parecían inteligentes y que resultaron ser malos.

Supongamos ahora que de las distintas cosas positivas que usted se dice a sí mismo sobre sus diferentes opciones, algo que dice es que una de ellas es la opción que usted siempre quiso.

Nada hace más feliz a uno que conseguir lo que siempre quiso. Conseguir algo que usted quiso durante veinte años lo hará más feliz que conseguir algo que desea desde hace una semana. El hecho de que siempre lo haya querido es una especie de certificado de validez.

Por lo tanto, si se oye a sí mismo decir de una opción: "Esto es lo que siempre quise", tiene un fuerte indicador para decidirse por ella.

■ *Escúchese cuando dice: "Esto no es bueno para mí".*

Si conseguir lo que uno siempre quiso es el patrón positivo, saber que algo no es bueno para usted es el patrón negativo. Cuando enfrentamos una decisión importante es común que tengamos cosas negativas en la cabeza. Preocupaciones, dudas, visiones de desastre. La sensación de que las cosas serán difíciles.

Si usted se escucha a sí mismo sin discernir, su negatividad puede paralizarlo. Cuando está por ir a nadar al mar. O cuando su grupo de danza está hablando de hacer una actuación. Usted ve el problema. Los pensamientos negativos pueden asediarnos tanto cuando estamos por hacer algo maravilloso como cuando estamos por hacer algo terrible.

La única negatividad que debe escuchar en su interior es ésta: la fuerte sensación de que la opción que está a punto de elegir no será buena para usted.

Una mujer estaba pensando en embarcarse en un segundo matrimonio a los 36 años. El candidato estaba bien. De hecho, a ella le encantaba jactarse de él entre sus amigas. Pero aquélla era una decisión importante, y algo la frenaba. Hizo una lista de pros y de contras.

Los pros eran muchos. Tenía dinero. Caía bien a sus amigas. Vestía bien. Era estupendo en la cama. A los dos les gustaba esquiar. Los hijos de él se llevaban bien con los de ella.

Sólo había una objeción frente a tantos pros. "Sencillamente creo que el matrimonio no es algo bueno para mí." Se refería a tener que modificar su vida para acordar con las necesidades y exigencias de otra persona; eso la hacía sentirse encerrada y enfadada. Precisamente por esa razón su primer matrimonio había fracasado. Un clásico cuadro de "Me estoy asfixiando".

Pero no se escuchó a sí misma y se casó. Fue un desastre en cámara lenta. Su malestar e irritación enfadaban a su esposo, y esto la enfermaba a ella, y esto tenía a ambos en un estado de desdicha total. Ninguno de los pros de la lista había importado. Sólo pesó lo negativo, aquello que sus sentidos habían señalado que no le convendría. No haga cosas cuando sienta que no serán buenas para usted.

Por supuesto, deberá examinar cuidadosamente la sensación de que algo no será bueno. No se escuche a sí mismo ciegamente. Pregúntese si hay un fundamento para esa sensación. Si lo hay, escucharse le salvará del desastre.

Puede reconocer de inmediato la diferencia entre la sensación de que algo no será bueno para usted y otras formas de negatividad que surgen de la duda. La mera posibilidad de problemas no es en sí misma una razón para desechar una decisión. Pero cuando se oye a sí mismo decir que algo no será bueno para usted, usted sabe que eso no está en el mismo nivel que el miedo a lo desconocido. Usted se conoce. Sabe cómo reaccionó a las cosas en el pasado. Si la experiencia de la vida real le dice que algo no será bueno para usted, escúchela.

- *Escuche lo que debería oírse y no se oye.*

Uno de los mejores tomadores de decisiones que entrevisté para este libro consideraba que esto era la piedra angular de su habilidad para tomar buenas decisiones. Todos nos escuchamos a nosotros mismos. La mayoría de nosotros escuchamos lo que nos estamos diciendo. Esta mujer prestaba atención a lo ella no se decía pero debía decirse.

Supongamos que usted está por contratar a alguien y esa persona tiene una carta de recomendación. Seguramente la carta pone algo vagamente positivo. Pero usted querrá ver allí una nota de entusiasmo, algún elogio específico. Lo mismo debe buscar dentro de sí cuando toma una decisión. La clase adecuada de comentario positivo. A un joven y hábil diseñador de páginas web se le ocurrió una idea para una nueva empresa comercial basada en la red. Pete estaba convencido de que con ella se sumaría a las filas de los millonarios. Era una idea excelente. Pero no estaba seguro de estar preparado. Cuando empezó a considerar la posibilidad de concretarla, comenzó a escucharse a sí mismo; he aquí lo que él "no" oía. No oía una sensación de confianza. No oía una voz que le dijera: "Yo puedo hacer esto".

Había muchas otras voces dentro de él. Esperanza. Codicia. Excitación. Decenas de pensamientos positivos. Pero en ningún momento se oyó diciéndose que él podría hacerlo.

Pete se escuchó a sí mismo y abortó el proyecto. Simplemente sintió que era un error continuar si no estaba completamente seguro. Más adelante se enteró de que un par de conocidos habían montado proyectos similares y habían fracasado. Sin embargo, no estaba convencido de haber hecho lo correcto. Tres años más tarde —una eternidad en Internet— tuvo otra idea. Le gustaba tanto como le había gustado la primera. Pero había una diferencia. Esta vez se sentía seguro. Tuvo una sensación muy sólida al oírse decir que podría lograrlo.

Pete explica: "No tenía conciencia de qué parte tan grande de este negocio consiste en conseguir dinero de inversores. Por eso creo que no habría tenido éxito la primera vez. Creía en mi idea, pero me parece que no habría podido convencer a alguien de que podía llevarla a término. ¿Por qué iban a creerme cuando yo mismo no me creía? Esta vez estoy convencido. Y es curioso, porque muchas veces, en las reuniones, no sé la respuesta a una pregunta o no tengo una respuesta rápida a una observación negativa. Pero esa sensación que tengo de estar preparado me permite transmitir confianza. Me creen porque pueden ver que estoy convencido".

Si está por tomar una decisión, pregúntese qué debería decirse a sí mismo sobre esa decisión. No tenga miedo de hacer caso a lo obvio. Por ejemplo, si está por comprometerse a pasar su vida junto a alguien, debería estar diciéndose lo feliz que está y lo bien que se siente eso. ¿Tendrá dudas? Claro que sí. Pero si también oye lo que debería estar oyendo, ése es un punto importante. No oírlo es una razón importante para no tomar esa decisión.

Para tomar otro ejemplo, si usted está por embarcarse en una empresa de proporciones, como Pete, debería oírse decir: "Estoy preparado. Tengo todo lo que hace falta para seguir adelante". Supongamos que está decidiendo cambiar una situación por otra, un cambio de empleo, por ejemplo. Debería oír en su interior una voz segura, afirmando que la nueva situación es sólida y significativamente mejor que la actual. Si está pensando en cambiar de empleo y no se oye decir que el nuevo empleo es una gran mejora, tal vez lo que está haciendo no es más que un juego.

Usted es el juez. Cualquiera sea la decisión que enfrente, pregúntese qué debería estar diciéndose. Cuando se escucha a sí mismo, ¿qué se está diciendo?

■ *Escúchese decir lo mismo una y otra vez.*

Escucharse a uno mismo es un proceso. En general, cuando se nos mete en la cabeza alguna esperanza o temor, revisamos todo y damos vueltas al asunto. Por eso es que las cosas que nos decimos cuando enfrentamos una decisión no son siempre las mismas. Van y vienen. Aparecen y desaparcen.

Quizás usted esté pensando en comprar un crucero. En un momento tuvo en cuenta el gasto que eso significaba, pero luego dejó de sentir el gasto como un problema. Pero hay un pensamiento que no desaparece. Usted sigue diciéndose: "¿Cuántas veces iré a navegar en un año?" Esa duda no lo abandona.

Preste atención a lo que usted se está diciendo. A veces no le damos importancia a algo que nos decimos porque ya lo oímos antes. Nos tratamos a nosotros mismos como a un padre rezongón. A la hora de escucharnos, debe hacerse lo contrario. Cuanto más seguido usted se dice algo, tanta más importancia debe darle.

- *Escúchese decir: "Ése soy yo" o "Ése no soy yo".*

¿En qué tema usted es más experto que en cualquier otro? En usted. Digamos que tiene un restaurante de éxito y se le ocurre la idea de transformar su local en una cadena de restaurantes. Usted tiene buena fama y cree que funcionará. Sólo tendrá que abrir un nuevo local cada año hasta que el impulso se consolide y usted pueda convertirse en concesionario.

Puede llamar a decenas de expertos para que le ayuden a decidir sobre el proceso de abrir un nuevo restaurante. ¿Pero qué me dice de usted? ¿Cómo encaja usted en la ecuación? Hay dos cosas que podría estar diciéndose.

"Ése soy yo", queriendo decir que esa decisión encaja con lo que usted conoce de su manera de ser: cómo funciona, qué le hace feliz y qué le hace sacar lo mejor de usted.

O "Ése no soy yo", queriendo decir que esa decisión puede ser una buena decisión por una decena de razones distintas, incluso que podría ser una magnífica oportunidad para otra persona, pero no encaja con lo que usted conoce de su manera de ser: cómo funciona, qué lo hace feliz y qué le hace sacar lo mejor de usted.

El truco aquí es ser honesto con respecto a lo que significa "ser yo". Puede ser que le guste verse sentado detrás de un gran escritorio dirigiendo una gran empresa, rodeado por un montón de ayudantes que lo adulen. Puede ser que lo emocione la idea de tener una tonelada de dinero en metálico.

Pero la vida es lo que usted vive, no lo que usted tiene. "Ése soy yo" significa la forma en qué usted funciona mejor y la forma en que le gusta funcionar, no lo que tendría si sus sueños se hicieran realidad. Por lo tanto, si piensa en una decisión, debe pensar en vivir esa decisión minuto a minuto, en su propia piel, con sus propias sensaciones, gustos y reacciones.

Piense en todas las personas que quisieran ser escritores. En realidad, la mayoría de ellas querrían haber escrito. Pero decidirse a escribir significa decidirse a vivir una existencia solitaria, sin nadie que nos acompaña y nos motive. En eso precisamente piensa uno cuando se pregunta: "Ése, ¿soy yo o no?": la inexorable cotidianeidad de vivir la elección que uno contempla.

Cuando usted está desgarrado

¿Qué hace usted si trata de escucharse a sí mismo y oye dos cosas muy diferentes? Una mujer que estaba pensando en postularse para un importante proyecto en su trabajo oía en una voz su interior que le decía: "¿Qué estás esperando? Ésta es realmente una buena oportunidad. Lo sabes muy bien". Otra voz le decía: "No me siento preparada".

¿Cómo decide usted qué voz escuchar?

Algo en lo que debe fijarse es en la intensidad. Si una voz viene acompañada de sudores fríos y náuseas y la otra no, preste atención a la segunda.

Otra cosa que debe mirar es en el dedo admonitorio. Una voz le dice qué debería ser. La otra le dice qué es usted. Preste atención a esta última. Las decisiones basadas en lo que usted piensa que debería ser son geniales, pero sólo funcionan cuando concuerdan el "debería ser" y el "soy". Si no concuerdan y usted decide basándose en quién debería ser, no tendrá éxito.

Si cuando trata de escucharse a sí mismo se siente desgarrado, la divergencia de las voces podría estar diciéndole en realidad que usted todavía no está listo para decidir. Necesita analizar las cosas más profundamente y prepararse mejor. Entonces verá que una de las voces desaparece.

Todos estamos en peligro de caer en lo que yo llamo "la trampa de la baja autoconfianza". Eso pasa cuando usted ha tomado algunas malas decisiones o alguna decisión nueva e importante le provoca miedo y usted deja de escucharse porque no confía en sí mismo. La trampa es que cuanto menos confía usted en sí mismo, tanto menos se escucha a sí mismo. Cuanto menos se escucha a sí mismo, tanto peor resultan sus decisiones. Cuanto peores son sus decisiones, tanto menos confia usted en sí mismo.

La buena noticia es que eso puede revertirse por completo. Pero ni siquiera intente empezar por confiar en sí mismo. Empiece por escucharse a sí mismo. Entonces tomará buenas decisiones. Entonces sentirá más autoconfianza. Entonces escucharse a sí mismo se volverá automático.

Si quiere tomar buenas decisiones, deje de juzgarse y empiece a escucharse a sí mismo.

Ley n° 14

NUNCA DEJE QUE UNA PRIORIDAD BAJA PREVALEZCA SOBRE UNA PRIORIDAD ALTA

Sus prioridades, ¿están muy castigadas?

De las 30 leyes, ésta quizás sea la que más suele violarse. Yo mismo estuve a punto de violarla y no incluirla como capítulo.

Estaba pensando que era importante presentar esta guía para la toma de decisiones de una manera sumamente accesible, y que una discusión sobre las prioridades podía ser indigesta, particularmente porque a la mayoría de nosotros nos cuesta descubrir cuáles son nuestras prioridades. Pero una prioridad mucho más alta es exponer las leyes reales seguidas por la gente que toma buenas decisiones.

A último momento me salvé de tomar una mala decisión, porque recordé esta ley. Pero algunos no tienen tanta suerte.

Poner en orden las prioridades

Carly y su marido Al tenían una tienda de venta de lámparas en Manhattan. Al principio, abrieron una tienda en el Lower East Side, cerca de Orchard Street. Al se enamoró del local porque era muy grande en relación con el alquiler que debían pagar. Era una ganga porque el local no estaba en una calle comercial principal. Aquélla era una prioridad legítima para alguien que está comenzando: conseguir un lugar amplio. ¿Pero qué importancia real tiene el tamaño? ¿Tener la tienda más grande es acaso una prioridad alta?

Carly pronto vio que quedarse allí sería una mala decisión. Había una zona de tiendas de lámparas en el Bowery, a unas pocas calles. La gente de los cinco barrios que necesitaba lámparas —particulares, decoradores, dueños de edificios, etc.— iba a comprarlas al Bowery. No se llegarían hasta la tienda de Carly y Al ni en un millón de años. ¿Qué ventaja era tener una tienda grande cuando no había clientes? Se pasaban renovando la mercadería.

La familia de Carly se había dedicado siempre al negocio de las lámparas; ella confiaba en su habilidad para comprar y vender buenas lámparas. Pero nada de eso sucedería si no pasaba gente por la calle. Carly rogó a Al que se mudaran. Cuando su esposo vio el precio de los alquileres para una tienda de ese tamaño en el barrio de las lámparas, no quiso saber nada. "Al, ¿para qué sirve tanto espacio si no tienes clientes?", decía Carly.

A la larga, la historia tuvo un final feliz. Carly tuvo el buen tino de perseverar. A espaldas de su marido, le puso el ojo en un local del distrito de las lámparas que no costaría mucho más de lo que estaban pagando. Cuando en una ocasión se les dio un buen negocio, convenció a Al, y éste aceptó. Y empezaron a hacer mucho más dinero en una tienda más pequeña, porque entraba tres veces más gente.

La parte triste son los años que perdieron por la obsesión de Al con la prioridad menos importante de tener una tienda grande.

Puede ver qué fácil es violar esta ley. Una prioridad brilla ante sus ojos, como una estrella. Lo absorbe. Lo obsesiona, quizás. En ese momento es cuando, de hecho, usted está en peligro: esa prioridad en la que se concentra es absolutamente válida en sí misma. Y entonces la trata como si fuera uno de los Diez Mandamientos: algo total y absolutamente inviolable.

En el mundo real, solemos tener un puñado de prioridades. Por lo general, todas son válidas, pero apuntan en distintas direcciones en lo que respecta a servirnos de guía para nuestra decisión.

Casi nunca es posible hacer justicia a todas nuestras prioridades. Y francamente es difícil clasificar perfectamente las diferentes prioridades.

Pero lo que usted puede hacer —lo que debe hacer— es asegurarse de no tomar nunca una decisión basada en una prioridad mucho más baja mientras ignora otra opción que satisfaría una prioridad mucho más alta.

> ***Pero lo que usted puede hacer —lo que debe hacer— es asegurarse de no tomar nunca una decisión basada en una prioridad mucho más baja mientras ignora otra opción que satisfaría una prioridad mucho más alta.***

Ése es el trabajo de tomar decisiones. Usted no puede ahorrarse ese trabajo aferrándose a una prioridad y dándole una importancia que no tiene. Pregúntese cuáles deben ser sus prioridades. Tome cada decisión —importante o no, sencilla o complicada— eligiendo la opción que mejor haga justicia a sus prioridades en el orden provisorio en que las clasificó. Ésta es la cuestión crucial aquí: ¿se asegurará usted de no dar nunca a una prioridad baja más importancia que a una prioridad alta?

Por supuesto, todos queremos decir "sí". Nadie arranca decidido a permitir que una prioridad baja prevalezca sobre una prioridad alta. Entonces, ¿cómo es que hacemos la única cosa que no querríamos hacer? ¿Recuerda a Al, que se enamoró de su "tienda grande"? Al se metió en problemas porque se distrajo.

Superar la distracción

Una vez, estaba conduciendo con la ventanilla abierta y una abeja entró en el coche. Me asusté. Solté el volante, me puse a agitar los brazos y a mirar a la abeja, no a la carretera. Tuve suerte de no tener un accidente, porque estaba yendo a más de 80 kilómetros por hora por una carretera secundaria de dos carriles.

Así es exactamente como terminamos violando esta ley. Actuar conforme a las prioridades es tan intuitivo como conducir en la carretera. ¿Qué podría ser más fácil? Pero entonces se mete una abeja en el coche.

Ésa es la clave para asegurarse de no violar nunca esta ley. Identifique las abejas que le impiden mantener la mirada en la carretera. Éstas son las más grandes.

■ *La gratificación inmediata*

La posibilidad de una pequeña satisfación hoy es una abeja que lo distrae de la posibilidad de una gran satisfacción mañana.

Conocí a un sujeto que venía luchando hacía tiempo como escritor. Había publicado algunas novelas, pero no le reportaron mucho dinero. Su mujer lo amenazaba con ponerlo en la calle, y él vio que si no iniciaba una nueva carrera en ese momento, cuando todavía andaba por los 30, hacerlo más tarde le sería mucho más difícil. La decisión era abandonar de plano o escribir un nuevo libro.

Todos los signos apuntaban a abandonar de plano la literatura. No había ningún indicio de nadie, ni siquiera de su editor, de que el nuevo libro fuera a reportarle más dinero del que ganaría de empleado en Barnes & Noble. Pero a él se le había metido una abeja entre ceja y ceja: había escuchado hablar de un software que reconoce la voz, con el que uno podía dictar su libro en vez de mecanografiarlo, además así se evitaba muchos errores. Estaba muy ansioso por la posibilidad de usar ese *software*. Le parecía curioso y divertido, y tenía la vaga sensación de que "decir" una novela podría hacerla mejor, o al menos más rápida.

De modo que decidió escribir una novela más. La base de esa decisión fue la prioridad de poder jugar con el *software* que reconoce la voz, una prioridad de un nivel extremadamente bajo. La perspectiva de una gratificación inmediata lo distrajo de ver que su vida se hallaba en un estado de emergencia.

La esposa lo abandonó. El libro no produjo más dinero que sus libros anteriores. Pero esa mala decisión no se diferencia de un millón de malas decisiones que la gente toma cada día. Son todas lo mismo, porque alguna abeja se nos mete entre las cejas y nos distrae de nuestras prioridades más altas.

Incluso las decisiones más profundas e importantes pueden estar amenazadas por la "abeja" de la gratificación inmediata. Aun un asunto de estado. Tomemos la crisis de los misiles en Cuba, allá por los años sesenta. ¿El presidente Kennedy era un mal tomador de decisiones porque se arriesgó a la guerra por esos misiles?

Tenemos evidencia muy detallada de las discusiones que pesaron en la decisión de Kennedy. Fue una gran decisión. No porque Khruschev se echara atrás, sino porque Kennedy sabía que era improbable que Khruschev empezara la tercera guerra mundial para poder mantener unos pocos misiles en Cuba. La gratificación inmediata habría sido evitar la amenaza de guerra. Una renuncia, básicamente. Que los rusos tuvieran sus misiles en Cuba. Y qué.

Pero, ¿evitar el riesgo de una guerra que probablemente no se produciría era la prioridad más alta? Gratificante como era eso, Kennedy vio que había una prioridad más alta. Ésta era evitar el precedente de que las armas estratégicas soviéticas pudieran amenazar a los Estados Unidos en su propio hemisferio, donde prácticamente no habría tiempo para una alerta en caso de ataque.

Asumir un riesgo menor hoy para conseguir una seguridad mayor en el futuro por lo general tiene sentido, pero sólo si uno puede ver más allá de lo que está resignando hoy y apreciar lo que conseguirá mañana.

Repase sus malas decisiones. Verá un sorprendente número de casos en los que optó por una pequeña satisfacción en ese momento y no pensó en la satisfacción futura a la que estaba renunciando.

Piense en una decisión que esté enfrentando ahora. Tal vez esté pensando en conseguir un nuevo empleo. Si usted es como la mayoría de nosotros, la mera idea de buscar trabajo lo hará querer taparse la cabeza con la manta y dormir una siesta. Buscar trabajo cuesta mucho en disgustos y en suela de zapatos, y mucho tiempo que uno no tiene.

La satisfacción laboral quizá sea el ingrediente más importante de la satisfacción en la vida. ¿Cómo puede uno amar su vida si odia el lugar donde pasa la mayor parte de la semana? Pero nos apegamos a empleos que odiamos, comprando décadas de infelicidad a cambio de una poco gratificante reducción del estrés en el presente. Éste es un ejemplo de una "abeja" que ha entrado volando y nos distrajo de una prioridad mucho más alta.

■ *La urgencia*

Otra "abeja" es el llamado de la urgencia. Violamos esta ley cada vez que hacemos lo urgente en lugar de hacer lo importante.

Veamos cómo puede la urgencia distraernos de una prioridad más alta. Supongamos, por ejemplo, que hay alguien en su vida —un jefe, un cónyuge, un pariente, un amigo— que no tiene el menor reparo en armar jaleo cuando quiere algo. Hay cosas que son importantes para usted en su vida. Pero esa persona se las arregla para imponer la prioridad más baja de aquello que le interesa sobre la prioridad más alta de aquello que es realmente importante para usted. A usted lo distrae la urgencia de las prioridades ajenas.

Hablemos ahora de la impulsividad; ésa es otra forma de urgencia. Los malos tomadores de decisiones tienden a ser tomadores de decisiones impulsivos. ¿Qué hay con los buenos tomadores de decisiones? Puedo decirle por experiencia personal que tienen los mismos impulsos que todo el mundo. Cuando la abeja entra en tu coche, tienes que vértelas con la abeja en tu coche. Pero los buenos tomadores de decisiones no dejan que la urgencia de sus impulsos gobierne sus prioridades.

Digamos que usted está en la universidad. Usted tiene un coche viejo y poco confiable, y no mucho dinero. Una tarde, mientras vuelve a su casa, el coche se descompone otra vez. Usted maldice. Deja el coche al costado de la carretera, cruza hasta el concesionario que hay al otro lado de la carretera y firma por un coche flamante que cuesta mucho más de lo que usted puede afrontar. Usted tenía un problema y debía hacer algo. Pero el pinchazo de la frustración combinado con el accidente de la oportunidad lo llevaron a hacer algo que no es bueno para usted. Ahorrar dinero para poder continuar sus estudios es una prioridad mucho más alta que tener un coche nuevo.

Observe lo fácil que es tirar de golpe las prioridades a la basura. De pronto pasa algo como que el coche se descompone o que uno no tiene dinero para pagar el alquiler de una tienda o que un país enemigo amenaza con la guerra. Uno se engaña porque, como una abeja, esa prioridad se vuelve tan absolutamente urgente que uno no se detiene a pensar si no hay otra prioridad antes.

Haga esto. Revise alguna mala decisión que haya tomado. ¿Cuáles fueron sus prioridades cuando tomó esa decisión? ¿Cuáles deberían haber sido sus prioridades? Fíjese cómo substituyó una prioridad más alta por una más baja como un motivo para tomar esa decisión.

Piense en alguna decisión importante que esté enfrentando ahora. Usted se siente tentado a decidirse de cierta manera a causa de una prioridad. ¿Cuál es esa prioridad?

Ahora dése la oportunidad de avanzar un paso hacia la vida que desearía vivir. Dígase: "Esta prioridad que estuve considerando tan seriamente puede ser importante pero, ¿hay alguna prioridad que sea más importante y que debería tener más peso?"

Confíe en sí mismo para dar con la respuesta adecuada a esa pregunta. La responderá correctamente si recuerda formulársela y si se permite responderla conforme a la verdad de lo que usted sabe de sí mismo y de su mundo. Esté particularmente alerta para detectar las fuerzas en su interior —la necesidad de gratificación inmediata y las presiones de la urgencia— que lo distraen de sus prioridades principales.

Las buenas decisiones nacen en los momentos de calma y silencio. A todos nos distraen presiones de una u otra clase. Pero si usted logra hallar ese espacio tranquilo donde pueda ver qué es lo que lo empuja en una dirección y ver entonces si hay otra fuerza a la que debería prestar más atención, jamás se distraerá como para permitir que una prioridad baja controle su decisión.

La gente toma buenas decisiones cuando se niega a dejar que una prioridad más baja prevalezca sobre una prioridad más alta.

Perspectivas

Conocer sus prioridades

¿Cuáles son sus prioridades?

Cuando nos hacen esta pregunta, la mayoría respondemos con generalidades vagas: la familia, la felicidad, el interés por los demás, el éxito. Eso no es bueno. Como guías para la acción, no son mejores que cuando nos dicen que encontraremos la casa de alguien "yendo hacia el norte". Si "la familia" es una prioridad y a usted le ofrecen un trabajo en otro lugar, donde sus hijos estarán lejos de sus abuelos, ¿lo acepta? Quién sabe. Con prioridades vagas se puede justificar cualquier cosa. Ahora bien, decir "No quiero vivir a más de una hora de viaje de mis familiares directos", ésa sí es una prioridad. Toda guía clara y firme para la acción es una verdadera prioridad. Después, la única pregunta es si ésa es realmente su prioridad.

¿Cómo encontrar entonces algo sólido y específico que usted concretamente pueda usar?

Esto es lo que debe hacer. Hágase cuatro preguntas:

- ¿Qué me gusta?
- ¿Qué necesito?

- ¿Para qué sirvo?
- ¿Qué me amenaza?

Puede hacerse estas cuatro preguntas sobre usted y su vida en general o sobre aspectos particulares de su vida, como su trabajo o su pareja. Lo mejor es presentar muchas respuestas para cada pregunta.

Luego debe ser estricto consigo mismo. No importa cuántas respuestas haya dado, oblíguese a recortar la lista. Haga eso hasta tener tres respuestas como máximo para cada pregunta. Cuatro preguntas, tres respuestas cada una; eso significa 12 prioridades.

Ahora escriba cada una de esas prioridades como un enunciado afirmativo de lo que necesita hacer o que es importante para usted. Por ejemplo: "Tengo que empezar a ahorrar dinero para mi retiro" o "Necesito encontrar un trabajo que me guste" o "Tengo que darle máximo impulso a mi carrera" o "En este período de mi vida debo emprender un negocio" o "Tengo que hacer que mi matrimonio funcione" o "Tengo que averiguar por qué estuve sintiéndome tan mal y hacer algo al respecto".

No estoy diciendo que ninguna de ésas deba ser su prioridad. Sólo estoy diciendo que debe hallar enunciados tan simples, sólidos, específicos y directos como ésos.

Bueno, usted ya tiene 12, pero siguen siendo demasiados. La mayoría de la gente considera que todo lo que puede manejar son tres prioridades. Así que vea su lista y diga, "Si tuviera que eliminar una, ¿cuál eliminaría?" Entonces táchela.

Ahora tache la siguiente prioridad menos importante. Y la siguiente. Y la siguiente. Siga haciendo eso, por difícil que sea, hasta que le queden sólo tres prioridades.

¿Usted decía que no sabía cuáles son sus prioridades? Mire esas tres. Ésas son sus tres prioridades principales.

Jamás aprovechará mejor el tiempo que anotando sus tres prioridades principales. Estará simplificando su vida y descubriendo lo que realmente necesita.

Esas tres prioridades son "todo". Nunca deje que alguna otra prioridad tenga más peso.

PASE LO QUE PASE, EVITE LAS TRAMPAS

¿Está protegiéndose para no quedar atrapado?

La gente que toma malas deciciones no sólo termina en un lugar peor; además descubre que se le ha hecho más difícil tomar buenas decisiones en el futuro. Eso es porque las malas decisiones nos llevan a un lugar donde tenemos menos y peores opciones.

Eso es muy malo, pero no es lo peor que nos puede pasar. El verdadero horror es caer en una trampa. Me refiero a caer en un lugar donde uno está casi literalmente atrapado, sin poder moverse, sin poder salvarse. Tratar de saltar por arriba de un tronco y torcerse un tobillo: tal vez ésa fue una mala decisión. Pero uno se recupera; caer en arena movediza: ésa es una trampa.

La gente que toma buenas decisiones tiene su cuota de malas decisiones. Nadie es perfecto. Pero esa gente lucha como loca para no quedar nunca atrapada en una trampa.

La cuestión de las trampas y cómo evitarlas es simple. Una vez que la entienda, su vida cambiará.

Una trampa en acción

Ésta es una ilustración perfecta de cómo caemos en trampas en nuestra vida.

Digamos que usted está en una ciudad y que quiere ir a un sitio que le llevaría unos buenos 30 minutos de caminata. Usted decide tomar un autobús que debería llevarlo hasta allí en cinco minutos. Se pone a esperar el autobús. Pasan veinte minutos, y el autobús no llega. ¿Qué hace entonces?

Si usted es como mucha otra gente, dice: "Ya esperé todo este tiempo; me sentiré un tonto si ahora empiezo a caminar y de pronto aparece el autobús". Entonces, nervioso e impaciente, sigue esperando.

Ahí es donde casi toda la gente cae en una trampa. Como esperó tanto, invirtió en esperar. Se obligó a hacerlo. Y entonces esperar exige esperar más. Usted encuentra razones. "Cuanto más haya esperado, más probable es que el autobús aparezca en cualquier instante." Así que sigue esperando, haciendo más probable (cree usted) que el autobús aparezca.

Usted está en una trampa. Siempre está en una trampa cuando cuanto más hace algo, tanto más siente que debe seguir haciéndolo.

La gente cae en trampas a cada momento. Naciones enteras caen en trampas. Los Estados Unidos cayeron en una trampa en Vietnam. Sacrificamos tantos hombres y tantos dólares, ¿cómo no íbamos a seguir luchando? Así que sacrificamos más hombres y más dólares. Después del primer sacrificio de hombres y dólares, los Estados Unidos sentían que la victoria tenía que estar mucho más cerca. Ésa era la famosa "luz al final del túnel" que todo el mundo creía ver.

En un nivel más personal, las malas relaciones nos entrampan del mismo modo. Uno pone tanto tiempo y energía en la otra persona que, aunque las cosas no funcionen, se sigue adelante porque ya se lleva mucho tiempo siguiendo adelante.

Los malos negocios también nos entrampan así. Un sujeto que conozco viene desangrándose lentamente —emocional y económicamente— con su pequeña tienda de música en Boston. Boston no es un mal sitio para una tienda de música. Hay montones de músicos y montones de estudiantes de música. Pero hay un montón de tiendas de música. Este sujeto está allí estancado año tras año, trabajando muchas horas, lidiando con los incesantes cambios de personal, los problemas con los proveedores, el temor a perder clientes y ganar competidores, y haciendo sólo el dinero suficiente como para seguir entrampado en la esperanza. Me dijo: "Quisiera que pasara algo para quedar en cesación de pagos. Así acabaría todo esto. Ya he puesto tanto empeño en esto que sigo pensando que un día llegaré a la esquina y encontraré la forma de vivir de esto decentemente".

Todavía está esperando.

Ésa es la misma clase de trampa que los expertos en aviación reconocen como fuente de accidentes fatales. Uno deja el aeropuerto con buen tiempo y vuela hacia una zona donde el tiempo resulta estar mal. Y uno piensa: "Bien, ya he llegado hasta aquí, y estoy lejos de donde salí, y no tan lejos de donde quiero llegar, así que volemos otros cinco minutos y veamos qué pasa."

Todos los años mueren muchas personas por esa trampa psicológica que les impide regresar al punto de partida.

Cómo nos entrampamos

Ahora usted ve por qué ese tipo de trampas son importantes. Son seductoras como un billete de 100 dólares en una acera desierta. Y tan difíciles de manejar como un billete de 100 dólares pegado a la acera con engrudo.

Veamos de qué maneras las trampas juegan un papel en la toma de decisiones.

■ *Las cosas parecen tan prometedoras que usted piensa que no tiene nada que elegir.*

Los Ángeles, Nueva York, y algunas otras grandes ciudades están llenas de gente que trata de triunfar en el mundo del espectáculo. Muchas de esas personas no tienen ningún talento, llegan pronto a ninguna parte, y rápidamente deciden que es mejor hacer algo menos arriesgado y más remunerativo. Ésas son las afortunadas.

Si son increíblemente desafortunadas, tienen razones para creer que prometen. Alguien, alguna vez, en algún lado, las alentó. Leen que Madonna hizo una prueba para el espectáculo televisivo *Fame* y no la pasó; piensan: "Yo tengo mucho que ofrecer, sé que yo también voy a triunfar si persevero".

Pero como aquél que espera el autobús o la persona que continúa una relación mala, insistir sólo sirve para hundirnos en una situación en la que sentimos que debemos seguir insistiendo. Desde niños se nos alienta a buscar esas pruebas paulatinas y firmes que demuestren que estamos progresando. Uno se sube al trampolín y trata de hacer un salto de espaldas. Las primeras veces no tienen remedio. Entonces el padre de uno dice: "Está empezando a salir bien". Después dice: "Esta vez casi lo has hecho". ¿Quién dejaría de practicar el salto de espaldas si ha llegado hasta ese punto?

Para salir de las trampas, tenemos que poder ver cuándo la "promesa" es sólo una promesa vacía.

■ *Usted invirtió tanto en una elección específica, que parece descabellado no seguir invirtiendo en ella.*

Tomar decisiones es resolver qué es lo mejor. ¿Qué zapatos se pondrá mañana? La mejor decisión es ponerse los zapatos más adecuados. Pero supongamos que, por alguna manía, usted se enamoró de los zuecos y ahora tiene un armario lleno de zuecos. Si usted cayó en esa trampa psicológica, se pondrá zuecos.

Ése es un error. La mejor decisión sigue siendo ponerse los zapatos más adecuados. ¿A quién le importa cuántos zuecos se compró usted?

Un doctor que conozco es uno de los hombres más infelices del mundo. Después de graduarse en una escuela de medicina sumamente prestigiosa y de completar una larga residencia en anestesiología, se dio cuenta de que practicar la medicina era aburrido y, en términos generales, frustrante y molesto. Eso fue hace veinte años. Pero había invertido mucho en llegar a ser médico. Esa inversión le impedía ver cuáles eras sus verdaderas opciones. Debería haberse preguntado: "¿Qué es lo mejor que yo, un hombre talentoso, puedo hacer con el resto de mi vida, sin que importe lo que he hecho con mi vida hasta hoy?".

En vez de ello, terminó arruinándose la vida.

Eso es lo que las trampas nos hacen. Nos quedamos en ellas porque nos hacen pensar que es absolutamente razonable estar en ellas.

Cómo no caer nunca, jamás, en una trampa

Evitar las trampas exige disciplina. Estoy hablando de la clase de disciplina que le permite fijar un límite, y darse vuelta y alejarse cuando ese límite se cruza.

Vea cómo se evitan las trampas y cómo se sale de ellas si uno ha caído.

- *No confunda situaciones en que la persistencia es una virtud con situaciones en que la persistencia es parte de estar entrampado.*

La persistencia es una virtud, pero sólo cuando tiene sentido. Tiene sentido solamente cuando la evidencia específica demuestra que el costo de persistir es pequeño comparado con la ganancia posible.

El hombre de la tienda de música, ¿qué evidencia tenía de que las cosas fueran a mejorar? Ninguna. El que odiaba ser médico, ¿qué experiencias cotidianas le dieron alguna vez la sensación de que empezaría a disfrutar con su profesión? Ninguna. Ésa es gente que, claramente, persistía sin ningún motivo.

No persista a menos que el costo sea pequeño comparado con los beneficios posibles.

Asegúrese de que los beneficios posibles sean reales. Y asegúrese de que sean altamente posibles.

- *Fíjese objetivos y plazos.*

Para demostrar cómo funciona esto, volvamos a la persona que espera el autobús. Usted va a la parada, sabiendo que el viaje andando le lleva media hora y en autobús cinco minutos. Usted no está seguro de la frecuencia con que viene al autobús. ¿Cómo evita caer en la trampa de esperar indefinidamente?

Se fija un tope tras el cual dejará de esperar y echará a andar. Diez minutos. Veinte minutos. No importa. Los ganadores no son los que se fijan los mejores plazos. Los ganadores son los que se fijan algún plazo y lo respetan.

Por eso es que salir de las trampas exige disciplina. Usted tiene que poder ir a la parada de autobús, decirse que empezará a caminar si el autobús no llega en diez minutos y, si el autobús no llega en ese plazo, empezar a andar pase lo que pase.

Eso se aplica en todo. Digamos que usted ha empezado a trabajar en un nuevo empleo, y ahora que lo tiene se da cuenta de que lo odia. Usted está en peligro de caer en una trampa. Cada día que pasa en un trabajo que odia es un día que usted ha invertido y, a medida que la inversión aumente, se le hará más y más difícil marcharse. Entonces usted se fija una meta y un plazo. No se preocupe de que el plazo y el objetivo sean brillantes y perfectos.

Preocúpese por ser lo suficientemente estricto para actuar si no alcanzó el objetivo una vez que se cumple el plazo.

Por ejemplo, usted podría decir: "Éste debería ser un empleo realmente bueno. Así que no hay razón para dejarlo inmediatamente. Pero me tomaré un año a partir de hoy. Si dentro de un año no obtengo una promoción o no puedo decir que disfruto con este trabajo, me pondré de inmediato en campaña para buscar un nuevo empleo".

Así es como sale de las trampas la gente que toma buenas decisiones. Cuando Carleton Fiorina fue nombrada directora ejecutiva de Hewlett-Packard, pasó a ser la primer mujer en dirigir una empresa del grupo Fortune 100. Obviamente es alguien que toma buenas decisiones. Veamos cómo salió de una trampa potencial. De Stanford fue directo a una escuela de leyes, y pronto se dio cuenta de que aquello no le gustaba. ¿Se quedó entrampada en eso? No. Apenas tuvo en claro que el derecho no era para ella, abandonó sin acabar sus estudios.

¿Infrecuente? No para quienes toman buenas decisiones. Los abogados están entre la gente que menos satisfacción laboral muestra, comparada con cualquier otra ocupación, profesional o no. Hay montones de abogados que en algún momento de su carrera ven que no son felices, pero no abandonan. Han puesto sus esperanzas en ser abogados; después de todo. Han trabajado duro en la facultad de derecho. Han invertido mucho tiempo y dinero. Pero no se han fijado un objetivo o un plazo cuando apareció el primer signo de infelicidad o si lo hicieron, no actuaron conforme a ello. Carly Fiorina lo hizo, y se liberó.

■ *Sepa que aquello que pasó, pasó: hoy es el primer día del resto de su vida.*

Los escritores también son gente que toma decisiones. Deciden qué deben escribir, palabra a palabra. Y con cada palabra que un escritor escribe, está creando una inversión.

Los buenos escritotres escriben basura al igual que los malos escritores. Pero entonces toman buenas decisiones sobre su escritura. Los malos escritores se entrampan porque se estancan en la inversión intelectual y emocional que han hecho con las palabras que pusieron en el papel.

Por ejemplo, el difunto premio Nobel, Isaac Bashevis Singer, amigo de mi familia y persona muy encantadora, creía con firmeza en dejarse llevar libremente durante el proceso creativo. No obstante, una vez que terminaba un texto, era implacable con sus propias palabras. No importa cuántas lágrimas o cuánta sangre hubiera derramado para crear una escena; si la misma no servía a los fines de la historia, la eliminaba. Lo que él había invertido de sí en la escritura no era nada. Lo que estaba tratando de lograr era todo. Jamás conservaba una palabra simplemente porque le hubiera costado.

Tomemos a John Updike. Él dice que tira a la basura un libro que escribe por cada libro que finalmente publica. ¿A quién le importa cuánto tiempo le llevó escribir ese libro que descarta? Es triste renunciar a una inversión de meses. Pero la gente que toma buenas decisiones comprende que el valor de una inversión es lo que vale ahora, no cuánto ha puesto uno en ella, y está dispuesta a reducir las pérdidas.

Los inversores listos de Wall Street hacen lo mismo. ¿Usted compra acciones por un montón de dinero, las acciones bajan y pierde la confianza en ellas? Véndalas sin demora. Los ganadores no temen vender cuando compran acciones perdedoras. Eso es porque saben que caer en una trampa es siempre peor que perder unos dólares.

■ *Dése siempre y continuamente opciones y alternativas.*

Una de las facetas de estar entrampado es anular uno mismo otras posibilidades. Por ejemplo, cuanto más tiempo permanece usted en una mala relación sentimental, tanto más difícil se le hace agarrar la libreta de teléfonos y llamar a alguien para volver a ponerse en circulación. Cuanto más tiempo se queda en un trabajo que no es para usted, tantas más oportunidades de demostrar su capacidad perderá.

Ya sea su trabajo, su carrera, su relación de pareja, sus inversiones; siempre vale la pena preguntarse: "¿Qué podría estar haciendo en vez de esto?"

La gente que toma buenas decisiones sabe que siempre existen otras posibilidades. Y si las cosas no van del todo bien, se aseguran de saber cuáles son esas posibilidades.

No tema reducir sus pérdidas. No tema cambiar de dirección. No tema hacer que pasen cosas nuevas. Y no tema fracasar. Todo el mundo fracasa y se mete en problemas en algún momento, incluida la gente que toma buenas decisiones. Pero los buenos tomadores de decisiones comprenden que nada, absolutamente nada, es más importante que aferrarse a la libertad de elegir. Eso es lo que significa evitar las trampas.

CONOZCA SU TALÓN DE AQUILES

¿Cuáles son sus 10 malos hábitos al tomar decisiones?

Aquiles tenía dos talones, pero sólo tenía un talón de Aquiles. Aunque no parezca, eso es importante. Todos estamos lejos de ser perfectos, en particular cuando se trata de tomar decisiones significativas. A pesar de todas sus imperfecciones, el saber cuál es su principal mal hábito lo pondrá entre la gente que toma buenas decisiones.

Por ejemplo, yo sé cómo debo comer para mantenerme en el peso que aspiro tener. Pero tengo un punto flojo: saltarme la comida a veces, comer un tentempié cuando me da hambre y después cenar abundantemente. Conocer mi debilidad es bueno. Si procuro comer algo durante el día para no tener hambre cuando llegue la noche, me estoy protegiendo.

Identifique su principal mal hábito cuando toma decisiones y esfuércese en no cometer ese error específico. Lo sorprenderá ver cuánto mejoran sus decisiones si evita sólo esa principal debilidad.

Lo mismo pasa con las decisiones importantes. Todos estamos llenos de debilidades e imperfecciones. Es imposible mejorar todo lo que hace falta mejorar. Pero, ¿usted quiere estar entre los que toman buenas decisiones?

Identifique su principal mal hábito cuando toma decisiones y esfuércese en no cometer ese error específico. Lo sorprenderá ver cuánto mejoran sus decisiones si evita sólo esa principal debilidad.

Quitad ese hábito de mi vista

Piense en dos decisiones:

- La última decisión importante que haya tomado
- La peor decisión que haya tomado en su vida

Piense qué había en su mente y en su corazón cuando las tomó.

La siguiente es una lista de los 10 malos hábitos principales y más comunes al tomar decisiones. Pregúntese cuál de esos hábitos desempeñó el papel más importante en sus decisiones. Se sorprenderá de la precisión con que nos conocemos en lo referido a tomar decisiones. Confíe en sí mismo para reconocer su principal mal hábito cuando lo lea.

1. Pretender abarcar más de lo que se puede apretar

¿Recogió alguna vez la mesa después de una reunión y trató de llevar en un viaje más platos de los que podía, sólo para que terminaran rotos en el suelo? Eso es lo que pasa cuando abarcamos más de lo que podemos apretar. Identificar ese mal hábito al tomar decisiones es fácil.

La palabra "suficiente" a usted le suena terriblemente equivocada. Usted siente en ella un desafío personal. ¿Suficiente? ¡No! ¡Usted debe tener más! Una ambición más baja no es tan buena como una ambición más alta. Hacer las cosas con sencillez no es tan bueno como complicar las cosas. Hacer menos cosas no es tan bueno como hacer más cosas. Por supuesto, nosotros no decimos, "Estoy abarcando más de lo que puedo apretar". En vez de eso hablamos de las pautas altas que nos fijamos, del derecho que tenemos a esperar lo mejor, de que trabajamos duro y tenemos mucho que ofrecer y merecemos entonces cosas buenas. Una señal de que la ambición exagerada ha levantado su fea cabeza es cuando nos oímos decir: "No me importa si eso no es realista, yo sé qué quiero."

Pero una y otra vez usted tiene la sensación de que toda la pila temblorosa está desmoronándose a su alrededor. Usted se desmorona de agotamiento. Fracasa en sus responsabilidades básicas. Hace enfurecer a todo el mundo y simultáneamente se decepciona de sí mismo. Usted sigue rezagándose por tratar de avanzar.

2. La manía del detalle

Cada tanto hay un pequeño detalle que usted pasa por alto y que lo hace sentir en un grave problema. Para muchos de nosotros es muy fácil ponernos paranoicos y empezar a preocuparnos por un montón de detalles. Desde la medicina hasta la mecánica aeronáutica, desde el análisis de sistemas hasta la abogacía, muchas profesiones exigen atención a los detalles; por eso muchos estamos a un paso de caer víctimas de la manía del detalle.

Manía del detalle es otra forma de decir sobrecarga de irrelevancia. Lo único que eso hace es ralentarnos y hacer muy difícil que el árbol nos deje ver el bosque. La manía del detalle conduce a malas decisiones porque nos impide concentrarnos en lo más importante. Si usted se enorgullece mucho de su atención al detalle, cuidado. Nunca somos tan propensos a un mal hábito como cuando nos enorgullecemos de él.

3. El temor

Usted puede estar decidiendo cualquier cosa —casarse con alguien, cambiar de trabajo, dejar que lo postulen como director de la junta de ejecutivos— y lo que más lo guía es lo que más teme que suceda. De eso se trata esta debilidad.

No me interprete mal. A veces tenemos que tomar una decisión porque nos sentimos amenazados. Usted está en un empleo y oye rumores de que otra empresa está comprando la compañía en la que usted trabaja. Decide buscarse un nuevo empleo. Teme que lo echen.

Sin embargo, el miedo se convierte en un mal hábito cuando desempeña un papel exagerado en su proceso de toma de decisiones.

El temor exagerado más común es el de cometer un error. El segundo es el de hacer que otra gente se enfade con usted. Y el tercero es el miedo a alguna gran catástrofe que pueda sobrevenir si usted hace una determinada elección.

Si temores como ésos lo paralizan o le impiden tomar una buena decisión, ése es su mal hábito al tomar decisiones.

En el caso de este mal hábito, como en el de los demás, uno de los signos de que usted lo padece es lo orgulloso que está de él. Sólo que usted no lo llamaría ser miedoso. Usted lo llamaría ser prudente. Pero sea honesto consigo mismo. Si usted está motivado por el temor a perder más que por la esperanza de ganar, entonces el miedo, y no la esperanza, es lo que está mandando.

4. Perder contacto con usted

Usted tiene ese mal hábito si toma sus decisiones basándose en escuchar demasiado a los demás, en seguir a los demás y en tratar de agradar a los demás. Frank Sinatra decía: "Lo hice a mi manera". Usted diría: "Lo hice a su manera".

Éste es un mal hábito muy comprensible. Después de todo, estamos hablando de esas decisiones importantes en las que uno pisa terreno inseguro pero a la vez hay algo valioso en juego. La gente que está perdida quiere seguir a un guía. Por supuesto, es bueno consultar a un experto y obtener información de terceros. Pero la gente que tiene ese mal hábito no consigue información de sí misma.

Ésta es una manera de saber si usted tiene ese mal hábito. Cuando alguien le pregunta por qué hizo algo, es probable que usted le responda que fue porque alguien lo aconsejó o porque usted escuchó a alguien o porque alguien lo presionó.

Debe cuidarse de perder contacto con usted mismo si el deseo de complacer a otras personas dificulta ver o dar toda su importancia a lo que usted realmente quiere.

5. El monstruo de ojos verdes

Usted tiene ese mal hábito si quiere lo que otra persona tiene. En otras palabras, su estilo de vida estaba bien hasta que vio el estilo de vida de otra persona. Sus hijos eran excelentes hasta que usted vio a los hijos de otra persona. Usted estaba contento con el dinero que ganaba hasta que vio cuánto dinero gana otra persona.

La envidia es un mal hábito porque lo saca de su sitio e infecta su capacidad de hacer elecciones inteligentes. En el trabajo, por ejemplo, usted deja los aspectos en los que es bueno y empieza a trabajar en sectores donde otra persona es buena. Usted pierde de vista lo que realmente quiere porque está muy obsesionado con desear lo que tiene otro.

Es un hecho que las personas que toman buenas decisiones permanecen dentro de la órbita de lo que funciona bien para ellas, de lo que saben hacer bien, de lo que ellas necesitan. Pueden decir: "Sí, quizas eso sea bueno para usted, pero a mí no me va".

6. Continuar y continuar

Usted tiene este mal hábito si continúa en el camino por el que venía. ¿Por qué buscar otro? Cualquiera que no pueda dejar una mala relación o un mal trabajo porque está acostumbrado a esa situación y el cambio es difícil, tiene este mal hábito.

No confunda este hábito nocivo con simplemente no hacer nada. Ése también es un problema para la gente que empieza impulsivamente a hacer rodar la bola hacia una decisión y luego siente que no puede detenerla o cambiar su dirección. Por ejemplo, si usted inicia un negocio nuevo y siente que no puede cambiar de rumbo cuando va recibiendo nueva información, está enganchado a este mal hábito.

La gente que toma buenas decisiones no se permite quedar enganchada a un impulso. Está preparada para cambiar de dirección en cualquier momento.

7. Actuar sin pensar

Usted tiene este mal hábito si frecuentemente toma decisiones sin detenerse, mirar, escuchar, sopesar, meditar, meditar un poco más y, por último, actuar. Una y otra vez usted revisa sus decisiones y se pregunta, "¿En qué estaba pensando?"

Pero si siempre recuerda plantearse las tres preguntas siguientes, no se habituará a actuar sin pensar.

Primero, recuerde preguntarse cómo resultarán las cosas con el tiempo. Digamos que usted está bajo medicación especial y se va unos días afuera. De pronto, tiene la opción de quedarse un par de días más, pero no puede, porque no trajo medicación extra. Usted debería decirse de entrada, "Existe la posibilidad de que me quede un tiempo más ¿hay algo que deba llevar, por si acaso?" Usted mira adelante el camino cuando conduce; no hay razón para no hacer lo mismo cuando toma una decisión.

Segundo, recuerde cuáles son sus prioridades. Todo aquel que haya destruido un matrimonio por una aventura es alguien que perdió de vista sus prioridades. ¿Cuánta reflexión se necesita para hacer un alto y preguntarse cuáles son sus prioridades?

Tercero, recuerde cuidarse a sí mismo. Digamos que usted tiene un buen empleo pero un mal jefe. Usted decide quedarse porque el dinero es bueno y espera vagamente que las cosas mejorarán. Eso no es cuidarse. Un mal jefe cambiará las cosas para peor y lo arrastrará a usted en eso. Tan pronto como se vea ante un mal jefe, cuídese a sí mismo y comience a buscar un nuevo empleo, y asegúrese de documentar todo lo que usted ha hecho.

8. Titubear

Uno de los malos hábitos al decidir es la vacilación. Eso significa estar indeciso más tiempo del que necesita para tomar una decisión.

Chip era un indeciso. Siendo alguien que se había hecho un nombre como director de anuncios de TV, su vacilación estuvo a punto de destruir todo lo que había construido.

Ese defecto no era un problema al comienzo de su carrera. Cuando hacía producciones de bajo presupuesto nunca había suficiente dinero como para causar un problema.

Empezó a meterse en problemas cuando Chip entró en las grandes ligas. Una vez tenía que filmar un anuncio de un perfume. Consiguió el trabajo porque tenía fama de hacer buenas elecciones como director de cortos comerciales. Pero Chip no se decidía por una idea definida para el anuncio. ¿Tenía que ser erótico? ¿Más romántico? ¿Más exótico? Un día de rodaje se transformó en tres días y cinco veces el dinero presupuestado.

Chip se pasó dudando tres días, persiguiendo lo que al fin significó sólo una leve mejora del concepto original; mientras tanto, fastidió soberanamente a la gente que lo contrató. Su mal hábito estaba convirtiendo a un excelente director de anuncios en alguien en el que era mejor no pensar.

Cuando lo despidieron, desesperado, fue a ver a su mentor, un famoso y muy respetado director de Hollywood para el que había trabajado como asistente después de graduarse en la escuela de cine.

Su mentor le dijo algo muy agudo. "Mis mejores películas nunca se filmarán. Siguen estando en mi cabeza. Hacer una buena película no es buscar hasta encontrar lo que uno busca. Es trabajar rápido. Si tienes una idea, se notará. Si no la tienes, nada te salvará. Desde luego, no lo hará el que te pases tres días tratando de decidirte."

Chip quedó estupefacto. Parte de él se había enorgullecido titubeando, como si eso fuera lo que hacian los grandes artistas. Y supo reaccionar.

La vacilación empieza cuando el costo de no decidir de una manera u otra comienza a superar el beneficio de seguir analizando las cosas. En otras palabras, considere el tiempo que usted se pasa tomando una decisión en términos de una inversión. Al principio usted obtiene un gran rédito de su inversión. Muy pronto el rédito empieza a decaer; y antes de que se dé cuenta, serán todas pérdidas.

Imagine que va a un restaurante con algunos amigos. Obviamente, usted querrá mirar la carta antes de pedir algo.

Hasta ese momento obtiene un rédito del tiempo que invierte en ello. Tal vez quiera pasarse un instante más considerando un par de las mejores opciones. Eso está muy bien. Pero cuando usted empieza a alargar la hora de comer y a irritar a la gente, está titubeando.

No bien empieza a perder tiempo con cambios que probablemente no signifiquen una gran diferencia o que puedan arreglarse más tarde sin dificultad, usted está vacilando.

9. Tomar el camino del menor esfuerzo

Usted tiene este mal hábito si odia tomarse el tiempo y la molestia de analizar las cosas. Para usted, la mejor decisión es la que puede tomar más rápida y fácilmente. En vez de buscar la agencia publicitaria adecuada para su firma, usted va a la que tiene oficinas en su edificio. O a la agencia de un amigo. O a la primer agencia que le recomiendan.

¿Busca un empleo? Aceptará el primer empleo apenas decente que le ofrezcan, porque usted odia buscar trabajo.

Usted no se considera perezoso sino eficiente. Se enorgullece de la velocidad con que toma decisiones. Le gusta verse como una persona firme y práctica, resuelta. Cuenta que fue una vez a comprar un traje para una ocasión importante, se quedó con la primera cosa decente que vio y salió de la tienda en menos de quince minutos. (Sé que alguno entre los lectores estará diciendo, "Diablos; eso lo hice yo en cinco minutos".)

La idea de tomarse el tiempo para buscar algunas opciones maravillosas lo estremece, lo asusta casi.

10. No sentir que las cosas pueden ser mejor de lo que son

Usted tiene este mal hábito si tiene pocas esperanzas. Tal vez no se sienta deprimido, pero cuando se presenta la posibilidad de un cambio, es muy difícil que usted vea de qué modo podría haber una mejora.

Cuando llegue esa ocasión, posiblemente diga, "Pero si hago eso, todo lo que pasará será que..." y entonces desenrolla una lista de malos resultados que da por descontado que ocurrirán. Cuando usted está atrapado en ese esquema, no lo siente como negatividad, sino como realismo. De hecho, se enorgullece de prever todas las variantes en que las cosas buenas no pueden producirse.

Éste es un hábito particularmente peligroso al tomar decisiones. Como usted tiene mucha conciencia de cómo pueden salir mal las cosas, es exageradamente cauto. Cuando llama a su puerta una oportunidad, usted no se arroja en brazos de ella; así genera una profecía que lleva consigo su propio cumplimiento.

Las malos hábitos nos meten en problemas y son difíciles de superar, pero la gente que toma buenas decisiones trata de evitarlos. Hay una vieja expresión: estar advertido es estar armado. Nunca es más cierto esto que cuando se aplica a los malos hábitos en el momento de tomar decisiones.

TENGA EN CUENTA SIEMPRE SU PROPIO MEJOR CONSEJO

¿Le diría a un amigo que hiciera eso?

Todos usamos constantemente la regla de oro de "Haz a los demás..." Acogemos bien a un nuevo vecino porque querríamos que nos acogieran bien si fuéramos nosotros los nuevos vecinos. Usted se pelea con su hermana y piensa no ir a su boda, pero usted no querría que su hermana no fuera a su boda; entonces va. Ésta es una regla moral básica. La mayoría de nosotros recurre a ella cada vez que nos preguntamos qué conviene hacer.

En lo que respecta a tomar buenas decisiones hay algo exactamente igual a esa regla de oro. Yo la llamo la ley de oro: No hacer nada que uno no aconsejaría insistentemente a su mejor amigo en la misma situación.

Yo tengo realmente un buen dentista. Hace poco fui a verlo porque se me rompió un diente. Mis opciones eran una corona o algo llamado un "brillante" (una especie de solución de compromiso a mitad de camino entre un relleno y una corona). Después de explicarme en detalle los pros y los contras de cada una, me dijo: "Vea, la decisión es

> ***En lo que respecta a tomar buenas decisiones hay algo exactamente igual a esa regla de oro. Yo la llamo la ley de oro: No hacer nada que uno no aconsejaría insistentemente a su mejor amigo en la misma situación.***

suya, pero si usted fuera mi hermano, le aconsejaría ponerse una corona". En otras palabras, mi dentista me estaba aconsejando como habría aconsejado a alguien que le importa mucho.

¿Por qué hacer menos con nosotros mismos? Si usted está involucrado en una relación conflictiva y anda pensando en romper con su pareja, debería preguntarse: "¿Qué le aconsejaría a mi mejor amigo?" Se sorprendería viendo que esa pregunta tan sencilla podría salvarlo de destruir algo maravilloso sólo porque está pasando un período malo.

Tal vez usted se pregunte: "¿Qué tiene que ver el modo en que aconsejaría a los demás con la clase de consejo que me doy a mí mismo?" Mucho. Hable con gente que haya tomado más malas decisiones de las que debía; a menudo oirá decir, "Si hubiera seguido mi propio consejo..." Hable con gente que haya tomado muchas buenas decisiones; a menudo oirá decir: "Hice lo que le hubiera aconsejado a cualquier amigo".

La ley de oro dice que tenemos lo que hace falta para ser grandes tomadores de decisiones, así como la regla de oro dice que tenemos lo que hace falta para ser agentes morales efectivos. El problema no es que no tengamos el material adecuado. El problema es recordar que hay que aplicarlo.

Pero yo soy diferente

En general, la gente que toma malas decisiones puede dar tan buenos consejos como la gente que toma buenas decisiones. La diferencia es que no sigue sus propios consejos.

Déjeme contarle sobre Jeff; él tenía una pequeña tienda en una zona de moda en Cambridge, donde vendía las chucherías y artículos de colección más interesantes y a la moda: carteles metálicos de propaganda de principios de siglo, muñecas antiguas, juguetes a cuerda de los años cincuenta, discos de vinilo con las tapas más rebuscadas que se pueda imaginar.

Suena como un magnífico negocio, pero Jeff nunca ganó mucho con su tienda. Costaba mucho dinero y tiempo comprar la mercadería, y la venta era muy lenta. Las cosas no podían seguir así. Jeff tendría que empezar a tomar nuevas decisiones.

Un día aparece su amigo Mark para pedirle un consejo. Mark es un fabricante y diseñador de joyería conocido en la zona, que utiliza en su trabajo muchas piedras semipreciosas. Mark había estado pensando en abrir una tienda al por menor. "Mira —le dijo Jeff—, necesitas alquilar un lugar barato y que esté cerca de un sitio concurrido. Todo lo demás es marketing. Debes conseguir que la gente sepa qué haces, debes hacer que se corra la voz y debes mantener cierta aura de misterio. Debes hacer que las mujeres más a la moda lleven tus piedras para que las otras les pregunten dónde las compraron. Debes hacer que tengan tus productos en otras tiendas distinguidas para que cuando la gente vaya directamente a ti piense que está consiguiendo la mejor mercadería por mas monedas..."

Cuando volvió a su casa, Jeff cayó en la cuenta. Había dado a Mark un consejo que él mismo no ponía en práctica.

¿Por qué no había seguido su propio consejo? No se veía a sí mismo como un hombre de negocios que necesitar preocuparse por el marketing. Él era diferente.

Ésa es una de las excusas más notables que usa la gente para no seguir su propio consejo. Dice, por ejemplo:

- "¡Dios mío! Si mi hermana saliera con un tipo como mi novio Joey, la mataría. Pero yo soy diferente. Yo puedo cuidarme y necesito sentir que estoy cuidando a Joey."
- "La gente sabe que estoy en el mercado y viene a pedirme consejos para invertir. Yo siempre les digo que pongan su dinero en algún fondo de inversión y lo dejen ahí. Por supuesto, yo no hago eso. Yo hago cada día muchas operaciones, opciones y ventas al descubierto. Sé que por ahí hay muchos que tienen su dinero en fondos de inversión a los que les va mejor que a mí, pero yo creo realmente que cuando le tome la mano a esto habrá mucho dinero para mí."

Si usted da un buen consejo, usted es un buen tomador de decisiones. Si su historial no refleja su habilidad, comience a aceptar algunos de sus propios consejos.

Las excusas siguen y siguen. Cuando los jugadores de la NBA hablan a los niños en las escuelas, les dicen que practiquen mucho. Los jugadores que toman buenas decisiones siguen ese consejo, aún cuando uno creería que con su talento, no lo necesitan. Los jugadores que toman malas decisiones se eximen de eso, y no logran aquello de que son capaces.

Aceptar su propio consejo

Permítame presentarle todo un nuevo procedimiento para tomar decisiones importantes: haga de cuenta que usted no es usted. Haga de cuenta que es alguien que a usted le importa.

Digamos que esa persona está evaluando la oferta de un nuevo empleo que sería muy importante para su carrera. Pero no soporta la idea del inevitable recorte inicial en sus ingresos y se inclina por rechazar el puesto. ¿Qué le aconsejaría usted? Si usted le dijera que es una oportunidad que no puede pasar por alto y que no es un gran problema si debe reducir sus gastos durante un tiempo, escúchese: ése es su propio consejo. Éste es un excelente procedimiento para la gente que trata de superar la sensación de no ser bueno para tomar decisiones.

Todos somos mejores dando consejos que tomando decisiones. Por lo tanto, aconséjese usted mismo. Las buenas decisiones llegarán enseguida.

Ley n° 18

APRECIE LA NOVEDAD DE CADA SITUACIÓN

¿Está en peligro de aplicar conocimientos viejos a una decisión nueva?

¿Es usted rígido o flexible? Ésta es una pregunta muy importante cuando hablamos de tomar decisiones. El problema es que la gente que es rígida en realidad no considera que lo sea. Está orgullosa de tener convicciones firmes, se felicita por las lecciones que ha aprendido. Y eso está muy bien, salvo por una cosa. La gente rígida aborda las situaciones nuevas tal como lo hizo en situaciones anteriores. No son libres para apreciar en qué aspectos es distinta la nueva oportunidad de aquélla aparentemente similar que se dio en el pasado.

La toma de decisiones es la forma en que usted y yo expresamos nuestra libertad. Pero si usted y yo no somos libres para ver en qué se diferencia una situación nueva de otras pasadas, la libertad de elegir es una ilusión.

La toma de decisiones es la forma en que usted y yo expresamos nuestra libertad. Pero si usted y yo no somos libres para ver en qué se diferencia una situación nueva de otras pasadas, la libertad de elegir es una ilusión.

Una heroína de mirada inocente

Mi suegra, Sonia, es una mujer de gran fuerza e inteligencia. Se crió en Polonia; es hija de un campesino judío pobre. Cuando los nazis llegaron en 1939, huyó hacia el este, a Uzbekistan, en la zona central de Rusia. A medida que se extendían los años de exilio, encontró la manera de ganarse la vida y de criar al mismo tiempo a un hijo y a una hija, mi futura esposa.

Después de la guerra, Sonia enfrentó una gran decisión con respecto adónde ir. Rusia era el lugar donde había estado a salvo, pero el comunismo era demasiado opresivo. Polonia estaba destruida, y ella descontaba que sus padres y probablemente sus nueve hermanos habían sido asesinados. Pensó en Estados Unidos e Israel, pero no sabía cómo llegar a ninguno de esos lugares.

Pero si no sabía cómo llegar a América, sabía cómo llegar a los norteamericanos: estaban en Alemania, donde tenían bases militares y campos para refugiados. Mucha gente le decía que estaba loca. Alemania era donde habían estado los nazis, le decían. ¿Por qué ir a la tierra de los nazis? Lo que había que hacer era mantenerse tan lejos de allí como fuera posible.

La última cosa en el mundo que Sonia quería hacer era ir a Alemania, pero ir allí era la única forma de llegar a los norteamericanos y, eventualmente, a América. Con su hijo y su niña de cuatro años, viajó andando y en carro por Asia Central y la Europa Oriental comunista.

Ella y sus hijos tuvieron incluso que esconderse debajo de unos fardos de heno en un puesto de control ruso. Si alguno de los niños hubiera llorado, los habrían matado a los tres.

Pero llegó a Alemania y a los soldados norteamericanos, y finalmente a América.

Como tomadora de decisiones, Sonia tuvo el don de la flexibilidad. Fue capaz de ver que Alemania, que había sido un sitio peligroso, era en ese momento un sitio seguro. Usó su libertad interior para crear una nueva vida.

De eso se trata esta ley. Para ser una de esas personas que toman buenas decisiones, usted debe poder apreciar la singularidad de cada situación. Usted está considerando hoy una opción que aparentemente es "similar" a una opción que ya enfrentó antes. Entre tanto, usted ha aprendido lecciones.Y está orgulloso de lo que ha aprendido. La pregunta es ésta: ¿está tan orgulloso de lo que ha aprendido que no podrá ver en qué se diferencia de hecho la nueva situación de la anterior?

Por eso es que aprender puede ser peligroso. Aprender enseña a responder a lo nuevo basándose en lo que se ha descubierto sobre lo viejo. Eso está bien si lo nuevo es como lo viejo. Es malo si lo nuevo es distinto a lo viejo.

Es muy fácil aplicar lecciones de una situación a otra que puede ser similar o no. Mi suegra comprendió que aplicar la lección de que Alemania Es Mala Para Los Judíos tenía sentido durante la época nazi, pero no tenía sentido después, particularmente si uno estaba tratando de marcharse de Europa.

Cuando no vemos cómo han cambiado las cosas

Mi madre era una muy buena mujer de negocios, como mi suegra. Fue cofundadora de una importante cadena de estudios de danza y una excelente vendedora. Quiza tuviera un conocimiento intuitivo de esta ley, porque no se puede vender nada a la gente si uno no puede apuntar directamente a la particular motivación de compra de cada individuo.

Pero hubo una instancia en la que mi madre se perjudicó por no usar esta ley. Como hija de la Depresión, para ella Wall Street era un símbolo de peligro y de pérdida. Como a millones de otros norteamericanos, le aterrorizaba que pudiera volver a suceder aquello que había pasado una vez. En los EE.UU. de posguerra, cuando la gente estaba haciendo lentamente fortuna en el mercado de valores, el miedo de mi madre a otra caída la llevó a guardar su dinero en una cuenta de ahorro bancaria, donde la inflación se lo devoró.

Mi madre no aprendió cuándo no se debe aprender del pasado. Estaba orgullosa de "haber aprendido la lección". Pero de hecho eso le impidió adaptarse a una situación nueva que para ella habría significado más opciones y mayor libertad.

Volverse libre y abierto

Por supuesto que usted debe estar orgulloso de las lecciones que aprendió en la vida. Pero debe enorgullecerse igualmente de su capacidad para ver en qué se diferencia una situación nueva y en qué medida se aplican o no las viejas lecciones.

He aquí un ejemplo. Cada vez que empezamos una nueva relación, ¿cuántos de nosotros nos concentramos primordialmente en evitar el desastre que condujo al fin de la relación anterior? La última mujer con la que usted estuvo involucrado, supongamos, era inteligente pero difícil. La siguiente mujer que usted empieza a ver es inteligente también, así que usted piensa que será mejor alejarse de ella: probablemente también sea difícil. Así que empieza a buscar una mujer que sea un encanto pero tonta. ¿Pero cómo puede saber quién es realmente un encanto? Es más fácil saber bastante rápidamente si una persona es tonta. Entonces encuentra a una persona tonta que parece un encanto y se pasa unos años descubriendo que el involucrarse con alguien que no es su par intelectual puede acabar con usted.

La gente que pasa de una relación insatisfactoria a otra tiende a aplicar exageradamente la lección de la situación pasada. Conozco a alguien que es general del ejército. Hace mucho tiempo, se enamoró de una reina de belleza que terminó engañándolo. De modo que él "aprendió la lección". Se dijo a sí mismo: "Las mujeres hermosas te engañan. Cásate con una mujer más bien fea y estarás a salvo." Eso hizo; fue un desastre porque su esposa no lo atraía.

Él pensaba que estaba tomando una buena decisión porque estaba evitando el primer desastre. Pero le habría ido mejor si no hubiese aprendido nada del desastre con la reina de belleza. Hay muchas maneras distintas en que la gente puede perjudicarnos. Extraer "lecciones" demasiado simplificadas como él hizo fue un gran error.

Cuánto mejor habrían sido las cosas para mi amigo el general si no hubiera sacado ninguna "lección" de su experiencia con una reina de belleza en particular y hubiese mantenido sus prioridades firmes y concentradas en lo que era obvio. Encontrar una persona atractiva, que fuese una buena persona y que compartiera sus intereses: las cosas básicas que todos buscamos en una pareja. De esa manera podría haber tratado cada nueva relación como una nueva situación que debía evaluar en sus propios términos. Como general debería haberlo sabido: no pelees la última guerra.

En cada aspecto de su vida, la gente que toma buenas decisiones se cuida de no aplicar mecánicamente lecciones del pasado que no se aplican al presente.

Pregúntese siempre: "¿Qué hay de especial y diferente en esta nueva situación?" Las respuestas que encuentre le permitirán abordar esa nueva situación en sus propios términos.

HÁGASE ORGULLOSO

¿Qué decisión le proporcionará amor propio?

La mayoría de nosotros da por sentado que haremos lo que sea necesario para mantener nuestra dignidad. Ciertamente, evitamos hacer todo aquello que sabemos que haría mella en nuestro amor propio.

Parece elemental y obvio, ¿no es así? Ése es el problema. Es demasiado elemental y demasiado obvio. Sí, nos preocupamos por nuestro amor propio, si aparece y nos muerde el trasero. Pero muy a menudo, cuando debemos tomar una decisión importante, el peligro en el que caemos es dar la "cuestión" de la dignidad por sentada. Y ahí es donde nos metemos en problemas. Asumimos que nuestra dignidad estará a salvo hagamos lo que hagamos. No importa lo mucho que la olvidemos.

Las personas que toman buenas decisiones nunca olvidan que el amor propio desempeña un papel importante cuando resuelven qué deben hacer.

Cuando enfrentan dos opciones, siendo igual todo lo demás, los buenos tomadores de decisiones eligen la opción que los hace sentir más orgullosos. Cuando no saben qué hacer, buscan la opción preguntándose, "¿Cuál satisfará más mi orgullo?".

Cuando enfrentan dos opciones, siendo igual todo lo demás, los buenos tomadores de decisiones eligen la opción que los hace sentir más orgullosos. Cuando no saben qué hacer, buscan la opción preguntándose, "¿Cuál satisfará más mi orgullo?"

Perder la dignidad

No nos engañemos pensando que siempre es fácil. Miremos a Amy. Como muchos jóvenes idealistas, estudió abogacía para hacer del mundo un sitio mejor. Una litigante nata, Amy imaginó que ayudaría a los oprimidos a pelear por aquello que les correspondía. Pero el idealismo está constantemente amenazado por el materialismo. Cuando se acercaba su graduación y recibió ofertas de trabajo, Amy vio rápidamente que el dinero, el prestigio y el entusiasmo que había vacantes no tenían nada que ver con los oprimidos.

Amy aceptó un empleo bien pagado en una firma que representaba corporaciones. Imaginó que sería una buena experiencia que podría usar más adelante para ayudar a los oprimidos.

Cinco años más tarde, Amy aún estaba allí y estaba en camino de pasar a ser socia de la firma. Pero estaba aburrida y su vida era vacía.

Entonces Amy conoció a Arthur, un acaudalado empresario capitalista que le hizo dar vueltas la cabeza con ideas de cambiar el mundo mediante nuevos negocios. Todo parecía muy excitante e importante.

Se enamoraron, se casaron y hablaron de tener hijos. Pronto Amy tuvo que decidir si se convertiría o no en una madre hogareña. El trabajo de Arthur era tan importante, a diferencia del suyo... La decisión fue fácil.

Diez años más tarde, Amy se sentía como un objeto en un museo. Arthur era exitoso y Amy se sentía una fracasada. En lugar de participar en dramas del tribunal, ella mediaba en dramas domésticos acerca de juguetes compartidos. Amy sabía que teóricamente lo que estaba haciendo era valioso y noble. Pero no lo sentía así. En vez de ayudar a los oprimidos, se sentía ella misma una oprimida.

No hace falta ser un abogado para entender e identificarse con el patrón de elecciones de Amy que terminaron afectando su amor propio. Esas elecciones podrían haberse evitado fácilmente. Retrocendiendo al momento en que Amy estaba evaluando las ofertas de empleo, ella simplemente olvidó preguntarse: "¿Qué pasará con mi dignidad? ¿Qué me pasará si voy en esta nueva dirección en la que estoy pensando y abandono mis sueños de ayudar a los oprimidos?"

Practicando una suerte de ley que no respetó, Amy se perjudicó a sí misma. Cuando el amor propio se debilita, conduce a problemas. A Amy le significó no poder apegarse a sus opciones.

Cuidar su dignidad

La gente que toma buenas decisiones cuida su dignidad. ¿Cómo lo hace usted? Ante todo, concéntrese siempre en lo más importante. Si no puede identificarlo, pregúntese: ¿qué opción me hará sentir más orgulloso a la larga?

La manera equivocada de proteger el amor propio

Cuando uno siente que se está rezagando, es tentador estimular el amor propio diciendo a la gente qué se piensa hacer. Aquél que dice que comenzará a operar en la bolsa para convertirse en millonario impresionará a alguna gente al principio, pero usted reserve su juicio hasta que vea el historial de esa persona un año más tarde.

Éste es un asunto serio. No se trata de lo que usted empiece; se trata de adónde lo llevará eso.

Encontrar el abordaje correcto en lo referido a mantener el amor propio exige dos cosas:

1. Usted tiene que saber qué le proporciona dignidad. Todo el mundo es distinto. Algunas personas, por ejemplo, necesitan hacer dinero. Si ayudan a los oprimidos pero no hacen dinero, ninguna abstracción moral los hará sentirse bien consigo mismas. Es cuestión de cómo funciona cada uno en tanto individuo.

2. Debe ser realista acerca de qué pasará con su dignidad conforme su decisión vaya evolucionando.

Muchas situaciones que tienen el potencial de dañar el amor propio encierran el engaño de la necesidad. Usted no puede dejar su trabajo por necesidad, aun cuando su jefe lo humille. La necesidad es real, pero el respeto a su amor propio también es una necesidad.

Si está evaluando opciones, pregúntese qué hará cada una de ellas por su dignidad. Luego elija la que prometa más en ese sentido. Quizá la respuesta no sea obvia, pero los ganadores al menos buscan la respuesta.

PRESTE ATENCIÓN A LAS CUESTIONES OBVIAS

¿Qué está pasando por alto?

Pocas cosas me han impresionado tanto en mi investigación como el valor de esta sencilla ley. Cuando estamos tratando de tomar una decisión, tratamos de ser "listos". Para demasiados de nosotros, ser "listo" significa buscar lo sutil y lo complejo. Nos da vergüenza buscar lo obvio.

Los grandes tomadores de decisiones no se preocupar por ser "listos". Saben que las cuestiones grandes y obvias en cualquier decisión son enormemente importantes y dan a ellas la mayor significación. Cuando uno observa la gente que toma las mejores decisiones, la oye decir una y otra vez: "Bueno, era tan obvio..."

Los grandes tomadores de decisiones no se preocupan por ser "listos". Saben que las cuestiones obvias en cualquier decisión son enormemente importantes y dan a ellas la mayor significación. Cuando uno observa la gente que toma las mejores decisiones, la oye decir una y otra vez, "Bueno, era tan obvio...".

Descubrir lo obvio

La perra doberman de su hermana ha tenido cachorros, y ella insiste en que usted se lleve uno. Usted vive solo en un apartamento en la ciudad, y trabaja. ¿Hará caso a su hermana?

¿Cuál es el problema? Una hermana ofendida durante un tiempo frente a un doberman que pronto se volverá psicótico encerrado cada día en un apartamento. Es tan obvio cuál debe ser su elección... Su hermana es una distracción. La hermosura del cachorro es una distracción. Lo que es grande, grande como un caballo muerto en medio de la carretera, es... ¿está ahí? es un doberman.

Siempre hay cuestiones confusas y que distraen, que reclaman su atención. Sencillamente no permita que le hagan pasar por alto lo obvio.

Eisenhower invadió Francia con las tropas aliadas. ¿Pero dónde desembarcaría? Había centenares de cosas que se debían tener en cuenta. Ike optó por lo obvio. Encontró la cabecera de playa donde había menos tropas alemanas y sorprendió al enemigo al no darle ninguna señal de dónde y cuándo iba a desembarcar. Otros se devanaban los sesos. Eisenhower vio lo que era obvio y ganó.

No nos dejes caer en la tentación

Ya ve usted cómo se aplica esta ley. Pregúntese cuál es el factor obvio que se deba considerar y elija ése.

Tenemos que superar los baches psicológicos que nos hacen ignorar lo obvio. Evite esos baches y le irá bien.

Bache psicológico n° 1: Dar la misma importancia a factores muy distintos

Nunca permita que las consideraciones menos importantes pesen más que las más importantes. Alguien a quien conozco se estaba preguntando si casarse o no con cierta mujer. Ella era hermosa, inteligente, cariñosa y maravillosamente sensata, pero no le interesaba acompañarlo en conversaciones intelectuales, algo que él disfrutaba. Estuvo a punto de perderla. Se salvó cuando se dio cuenta de que las charlas de sobremesa intelectualmente estimulantes no eran en absoluto tan importantes para él como encontrar una persona hermosa, inteligente, cariñosa y maravillosamente sensata.

¿Aún esta ahí? Cuando una opción tiene un puntaje alto en toda los ítems, uno no la rechaza por una pequeña imperfección, a menos que uno sea un personaje de *Seinfeld*. Tampoco cuando es tan difícil encontrar una mujer estupenda como la que él encontró.

Bache psicológico n° 2: Querer demostrar lo listo que es uno

Lo obvio es obvio: usted no gana puntos como genio por verlo. La gente que quiere parecer inteligente a menudo se encarga de ignorar lo obvio, y por eso muchos inteligentes toman malas decisiones.

Tomemos el mundo de las inversiones. Hacer un dólar es difícil, para ello no hay atajos. Lo obvio en ese caso es que los mejores inversores que trabajan en la cuestión a tiempo completo y ganan millones, rara vez superan los promedios del mercado por más de uno o dos puntos, año tras año. Por otra parte, alguien que tuviera un secreto especial que les permitiese hacerlo mejor que eso jamás se lo vendería, porque nunca podría hacer tanto dinero vendiendo su secreto como el que hace usándolo.

Sin embargo, todos los días aparece alguien que cree que es tan listo que lo obvio no se aplica en su caso. Y fracasa. Fíjese en qué pasa a largo plazo con operadores diarios, especuladores en opciones y acciones de bajo valor, gente que sigue "soplos", por no decir nada de los cerebros de empresas de riesgo como LTCM.

Usted también puede ser listo: empieza a serlo en el momento en que su inteligencia le hace ignorar lo obvio.

Bache psicológico n° 3: Cuando su esperanza se cruza en el camino

La esperanza es una cosa buena, salvo cuando, como el ingenio, le impide ver lo obvio. Suponga que está empezando a relacionarse con una persona alcohólica, igual que su propio padre, que abandonó a su madre. Quién sabe por qué, usted espera que la persona que ha conociddo será diferente. Pero usted está en peligro si su esperanza le impide ver lo obvio: que ese hombre es un perdedor y que, aunque fuera de verdad el último hombre en la tierra, usted debería mantenerse lejos de él.

Siempre hay esperanza para todos. La gente puede cambiar y de hecho lo hace de manera sorprendente. Pero tan obvio como eso es que uno no engancha su futuro con alguien que tiene serios problemas.

Bache psicológico n° 4: Su negatividad se cruza en el camino

Una abogada que conozco adquirió renombre por su excelente trabajo como especialista en litigios de software de computación. Ésa era una actividad en expansión en la que poco ayudaba su diploma de programadora de software del Instituto Tecnológico de Massachusetts. Estaba atascada en un estudio de abogacía mediocre, donde le había costado dedicarse a las cuestiones legales que le interesaban. Todo el mundo le decía que debía marcharse y trabajar por su cuenta. Lo que invirtiera se pagaría solo en menos de un año. Pero ella tenía miedo de dar ese paso porque pronto sería socia en el bufete.

Se dejó arrastrar por su negatividad. Tenía innumerables tribulaciones. Todas eran bastante razonables, pero lo obvio era que nadie estaba haciendo en ese momento lo que ella hacía y que la única manera de poder desarrollar su verdadero valor era marcharse y trabajar por su cuenta.

Lamentablemente, esperó demasiado. Se convirtió en socia, pero sus energías ya estaban gastadas; finalmente otra gente entró en su especialidad, concentrándose en lo que ella conocía bien. Le ganaron a pesar de que ella había tenido todas los triunfos.

Vea sus alternativas. Vea las consideraciones que está sopesando. Después pregúntese qué es lo obvio y elija eso. De esa forma usted se convertirá en uno de esos grandes tomadores de decisiones que pueden responder a los halagos diciendo, "Bueno, en realidad era obvio...".

Ley n° 21

NUNCA OLVIDE POR QUÉ TOMÓ SU DECISIÓN

¿Está usted juzgándose con un criterio diferente del que empleó al principio?

Parte de tomar buenas decisiones es sentirse bien con aquéllas que uno toma. Usted nunca se sentirá bien con sus elecciones si las juzga con un criterio distinto del que empleó para hacerlas.

Digamos que usted quiere plantar un frutal en su jardín. Decide que quiere manzanas, pero los mejores manzanos tardan varios años en dar buena fruta, incluso en dar fruta. Le han dicho que hay una variedad que produce más rápidamente que las otras. Serán más pequeñas y menos dulces, pero usted es impaciente y se dice a sí mismo que estará satisfecho sólo con que dé fruta.

Dos años más tarde llegan las manzanas y sí, son bastante chicas y ácidas.

¿Tomó usted una buena decisión?

La gente que suele tomar buenas decisiones dice, "Sabía lo que quería, sabía a qué estaba renunciando para lograrlo, tengo lo que quería y estoy contento".

La gente que toma malas decisiones dice, "Quería la fruta rápido y la obtuve, pero esa fruta es tan mala que me arrepiento de haberlo hecho". O se queda con algo que no le gusta o tiene que hacer ahora lo que debería haber hecho de entrada: plantar el manzano de crecimiento lento.

Cambiar de juego

La gente que toma buenas decisiones nunca toma una decisión basada en una serie de criterios para juzgarse más tarde a sí misma usando una serie de criterios diferente.

> ***La gente que toma buenas decisiones nunca toma una decisión basada en una serie de criterios para juzgarse más tarde a sí misma usando una serie de criterios diferente.***

Cambiar de criterios se llama "cambiar de juego". Usted hace eso cuando juega un juego (el de la fruta rápida, por ejemplo) y luego se juzga a sí mismo según las reglas de otro juego (el de la fruta de primera). Eso es una tragedia. Ahí está usted, ganando el juego que se propuso jugar, pero se siente un perdedor porque de repente se juzga según un conjunto de reglas completamente diferente. ¡Eso es como arrancar la derrota de la boca de la victoria!

La historia de Kim

Kim llegó a Boston hace quince años para asistir a la Escuela de Música Berklee, una incubadora de innumerables músicos famosos del rock, el pop y el jazz. Pero Kim pensaba que todo el mundo musical, especialmente el rock, estaba demasiado orientado al dinero. Kim quería hacer carrera en el rock alternativo, no comercial.

"Sabes, será difícil vivir de eso", le dijo su profesora de bajo.

Kim lo sabía. Pero la senda que Kim estaba eligiendo no era necesariamente una mala decisión. Podría haber sido una magnífica elección para ella, en tanto se basara en conocerse realmente a sí misma, sabiendo qué necesitaba, sabiendo en qué se metía, sabiendo cuáles eran sus prioridades y, sobre todo, sabiendo qué era para ella lo más importante.

Kim sabía que serían años, tal vez toda una vida, de empleos rutinarios: trabajar en tiendas de discos, ser camarera, quizás enseñar un poco. ¿Y qué? Kim estaba entrando a su futuro con los ojos abiertos.

Imaginemos páginas de calendario que caen, como las secuencias que muestran el paso del tiempo en las películas antiguas. Actualmente, Kim es una conocida rockera alternativa, de muy buena reputación, aunque ella odia la palabra "alternativa". "Sólo soy una rockera. Yo sólo hago lo mío." Ahora lidera su tercer grupo; dan algunos conciertos, pero no muchos, tampoco sacan mucho dinero.

Además, Kim está criando a su hija Ananda, de 10 años. La perspectiva de un futuro económico sombrío y el ver que la gente que iba con ella a Berklee ganó en la última semana más dinero del que ella hizo en todo el año comenzaron a afectarla.

Ahora bien, ¿la de Kim fue una buena o una mala decisión?

Eso depende del juego que ella esté jugando: ¿el juego de la "artista de rock alternativa que pasa hambre"?, ¿el juego de "triunfar en la música comercial"?, ¿o el juego de "quiero una carrera segura"?

Kim comenzó a cambiar de juego con ganas. Primero había jugado el juego de la rockera alternativa y lo ganó, haciendo de su elección una decisión acertada. Después empezó a sentirse una fracasada porque se estaba juzgando según las reglas de los otros dos juegos.

Había plantado el árbol de sus sueños, y cuando empezó a dar exactamente la fruta que ella esperaba, quiso derribarlo.

Eso es muy malo. Kim se priva de sentir que su decisión era perfecta para ella, según todo lo que ella sabe de sí misma, todo lo que solía valorar, todo lo que todavía valora. Las cosas que echa en falta —dinero, éxito mundial, seguridad— aún hoy siguen siendo prioridades bajas para ella. Es verdad que Kim está viendo lo que se perdió. Pero sabe que no decidiría algo diferente si pudiera volver atrás y empezar todo de nuevo. Entonces, ¿por qué tiene que padecer arrepentimiento sólo por tener conciencia del precio que pagó?

Prevención del arrepentimiento

Cuando usted piense cómo resultará alguna decisión suya en el futuro, pregúntese qué pasará con sus prioridades.

Si antes de tomar su decisión usted piensa que hay buenas posibilidades de que sus prioridades cambien, entonces tenga cuidado. Corre el peligro de hacer una elección que más tarde le parecerá muy mala. Esa elección seguramente le hará sentir que ha perdido el tiempo.

Esto es lo que recomiendo a todo el que tome una decisión en la que haya aunque sea un ínfimo riesgo de arrepentimiento. Escríbase a sí mismo una carta explicando lo que elige y por qué lo elige. Deje en claro sus prioridades.

Por ejemplo, quizás usted escriba, "Me voy a Wall Street a pasar mi vida haciendo dinero. Mis prioridades son hacer dinero y estar en el juego de hacer dinero. Si hago mucho dinero, sentiré que he ganado". Ahora imagínese a sí mismo como un magnate de Wall Street. Lea una vez más la carta que escribió. ¿Pensará en algún momento que su yo anterior era un tonto ridículo y ciego por haber tenido esas prioridades?

En otras palabras, ¿puede usted mirar su futuro de frente, con esas prioridades suyas, y seguir sintiéndose bien consigo mismo? Después de todo, una decisión es una especie de trato que usted hace con su futuro yo, porque es su futuro yo quien juzgará el resultado. Usted es un necio si no incorpora su futuro yo al proceso de decisión y obtiene su aprobación.

Kim podría haber hecho eso. Ella sin duda creía en lo que estaba haciendo. El futuro yo de Kim, a quien conocemos en realidad, mantiene las mismas prioridades. Afortunadamente, ella hizo las paces con la vida que eligió en un principio. Aceptó el hecho de que el precio pagado fue mayor que el que había supuesto. Pero el precio de no mantenerse fiel a su sueño musical habría sido todavía mayor.

Asegurarse

Kim cometió el error de no hacer lo que yo llamo "contratar un seguro contra cambio de prioridad". Uno hace eso cuando se mantiene firme en sus prioridades pero compra protección por posibilidades sumamente previsibles de que sus prioridades cambien.

Kim podría haber dicho fácilmente, "Yo soy una rockera alternativa. Sin embargo, sé que el dinero, los logros y la seguridad significan más a medida que uno crece. Así que dejadme empezar ahora a guardar dinero para mí. No se trata de jugar a todo o nada".

No es a todo o nada. Ése es el conocimiento que los buenos tomadores de decisiones aportan a las situaciones en las que sus prioridades podrían cambiar. Cuidan sus prioridades hoy y gastan un poco de tiempo y energía en asegurarse contra un cambio de prioridades mañana.

Usted nunca debe sentir arrepentimiento. Si sus elecciones están de acuerdo con usted y con sus prioridades, tampoco es muy probable que el arrepentimiento sea un problema. Si es conciente de que sus prioridades pueden cambiar y compra un poco de seguridad, si además se ocupa de algunas de esas prioridades futuras, habrá menos posibilidades todavía de lamentarse.

Cada vez que tome una decisión, sepa por qué la toma y cuáles son sus valores y creencias, y entonces use esos mismos valores y creencias para juzgar el resultado de su decisión. Felicítese por haber tomado una buena decisión si obtiene el resultado que debería haber esperado al principio.

Perspectivas

Saber que ha tomado una buena decisión

¿Cómo sabe usted que ha tomado una buena decisión?

Usted debe creer que es fácil, pero en la vida, a veces, los resultados parecen confusos. A veces las cosas resultan muy bien pero el costo es alto. A veces las cosas salen más o menos, pero quizá cambien todavía para mejor. A veces es necesario un buen tiempo hasta que uno logra saber realmente cómo resultaron. ¿La decisión de Ronald Reagan de postularse para presidente fue una buena decisión para él? Después de todo, fracasó las dos primeras veces. No se puede juzgar siempre por el éxito instantáneo. Si lo hiciéramos, todos estaríamos en problemas.

Entonces, ¿cómo se sabe si se ha tomado una buena decisión? Preguntemos a los expertos, la gente que constantemente, una y otra vez, toma buenas decisiones. ¿Cómo hacen esas personas para evaluar sus decisiones?

Primero, se sienten bien con la manera en que tomaron sus decisiones

Si usted no puede controlar los resultados, al menos puede controlar los procesos. Si usted toma una decisión prudentemente, se concentra en lo que es más importante para usted, y basa su decisión en lo que usted quiere y en quién es usted, ¿cómo puede no sentirse bien al respecto?

Tomemos dos decisiones muy diferentes: en qué universidad estudiar y si tener o no otro hijo. Ambas pueden ser decisiones realmente difíciles, emocionalmente muy cargadas. En última instancia en ninguna hay forma de saber si uno hizo lo mejor. Pero los estudios que analizan las relaciones entre autonomía, eficacia de las propias acciones y felicidad general dejan en claro que la gente que se escucha a sí misma basa sus decisiones en aquello que les importa y siente que tuvo tiempo para tomar su decisión, también se siente a gusto con la decisión en sí. El proceso importa.

Segundo, se sienten mejor con la decisión a medida que pasa el tiempo

Usted puede no necesariamente sentirse extasiado por su decisión en el momento de tomarla. Pueden quedar algunas dudas. Pueden darse hechos que amenacen el resultado que usted estuvo esperando. Sin embargo, a medida que pasa el tiempo, usted se siente mejor con su decisión. ¿Mejor en qué sentido?

- Usted está orgulloso de su decisión y de usted mismo por haberla tomado.
- Usted no se arrepiente. No piensa mucho en lo que podría haber sido y lo que podría haber hecho.

- Nota una creciente sensación de compromiso. Mucha gente se equivoca. Piensa que tiene que sentirse comprometida antes de decidir. No es así como operan los grandes tomadores de decisiones. Ellos saben que si uno debe esperar a estar totalmente comprometido antes de decidir, o bien uno es un tonto o bien nunca llegará a actuar. El compromiso no es un regalo que uno le hace a su decisión. El compromiso es un regalo que una buena decisión hace a uno después que uno la tomó.
- Usted tiene la sensación de estar volviendo al hogar. Hogar: todos sabemos qué significa eso. Un lugar de seguridad y bienestar, un lugar hecho por usted y para usted. Su decisión debe hacer que se sienta como en su casa.
- Su decisión lo hace feliz. Esto quizá no suceda de inmediato pero, ¿para qué otra cosa tomamos decisiones si no para ser felices?
- Se siente libre. Las buenas decisiones nos dan la sensación de que nos hemos abierto puertas para nosotros. Uno tiene más opciones, más opciones de la clase que desea.

Ahora usted sabe qué puede buscar. Sólo siga las 30 leyes y lo encontrará.

Ley n° 22

SABER QUÉ ES LO REAL

¿Qué realidades afectarán su decisión?

En el juego de naipes de la vida, la realidad es el triunfo más alto. Los grandes tomadores de decisiones saben ser esperanzados y al mismo tener tiempo un claro sentido de la realidad. No tener en cuenta la realidad tiene costos mucho más altos que el tomar meramente malas decisiones. Cuando uno ignora la realidad, se da contra la pared. Cuando eso pasa más de un par de veces, uno puede desanimarse en serio.

Pregunte a cualquiera que haya tratado de escalar el monte Everest. La montaña es una realidad. Entienda y respete esa realidad; tendrá una posibilidad. Ignore esa realidad y terminará en un gran, gran problema.

¿Pero por qué alguien ignoraría la realidad? Todos somos listos y todos tenemos cierta experiencia del mundo. Lo que nos mete en problemas es la esperanza y el deseo. Ponemos nuestras esperanzas en algún resultado. Ahí adelante hay algo que deseamos con todo nuestro corazón. Y eso nos impide ver qué es lo real. No me interprete mal. La esperanza y el deseo son maravillosos, pero no cuando nos tapan la realidad.

Recuerdo lo que hizo un padre cuando vio que su hijo andaba mal en la secundaria y no tenía motivación ni interés algunos para estudiar y obtener buenas notas. El padre mismo había sido así, y había sufrido a causa de eso. Ahora era un exitoso empresario, pero había pasado por años de lucha, años en que no lo tomaban en serio por haberse graduado en una universidad de tercera categoría.

El padre "sabía" que su hijo era brillante. Eso le daba esperanza de que él podía rendir mejor. Sin dudas, tenía todo el deseo del mundo de que su hijo mejorara. Así que decidió tomar el toro por las astas y lanzar un ataque frontal. Utilizando fuertes castigos y recompensas, haría que su hijo se motivara. Hizo eso a pesar de haber hablado con un psicopedagogo muy respetado que le dijo que no es posible forzar la motivación, que los muchachos la tienen o no la tienen.

Cuando usted enfrente una decisión, la esperanza y el deseo serán su alimento. Pero si quiere salvarse de tomar una mala decisión, hágase la pregunta que se hace la gente que toma buenas decisiones: "¿En qué medida lo que yo quiero que sea verdad me impide evaluar lo que realmente es verdad?".

Pero el padre no quería ver la realidad. Por supuesto que el chico quería complacer a su padre, pero estudiar era desagradable. Cuanto más presionaba el padre, tanto más sentía el hijo que su padre lo odiaba. Empezó a perder interés en querer complacer a un padre que se negaba a verlo y quererlo como él era realmente: un buen chico al que sencillamente no le interesaba el estudio.

El muchacho terminó la secundaria con un promedio bajo y la relación con su padre totalmente destrozada, que llevó años y años recomponer aunque más no fuera un poco. Y nada de ese dolor y ese desgaste se habría producido si su padre hubiera visto la realidad.

Todos tenemos la capacidad de verla; es un ingrediente esencial de toda buena decisión. Si podemos desentrañar las fuerzas que nos impiden respetar la realidad, podemos liberarnos para siempre del miedo a violar esta ley.

Cuando usted enfrente una decisión, la esperanza y el deseo serán su alimento. Pero si quiere salvarse de tomar una mala decisión, hágase la pregunta que se hace la gente que toma buenas decisiones: "¿En qué medida lo que yo quiero que sea verdad me impide evaluar lo que realmente es verdad?".

Sin embargo, ver qué es lo real puede ser difícil. Entonces pregunté a varias personas que se destacan en la toma de decisiones qué leyes de la realidad consideran más eficaces, más comunes, y más dignas de respeto. Basándome en sus respuestas he elaborado la siguiente lista:

Las 10 realidades principales

1. Siempre hay que dar mucho. Sea lo que sea en lo que usted se meta —un negocio, un deporte, el matrimonio— la expectativa realista a tener en cuenta es que, probablemente, usted va a poner en la cuestión mucho más de lo que siente que está recibiendo.

2. El dinero siempre es un problema más grande de lo que usted piensa. Siempre necesitará más dinero. Todo requiere más dinero de lo que usted había previsto.

3. Usted siempre necesitará más tiempo. Si piensa que hacer algo le puede llevar mucho tiempo, cuente con que en realidad le llevará más. Y todo lo que haga que sea nuevo para usted le llevará mucho, mucho más tiempo del que puede imaginar.

4. Usted nunca es tan importante para los demás como ellos lo son para usted. Si necesita que los demás no le fallen, espere que estén ocupados, distraídos y en general poniendo menos énfasis que usted en lo que a usted le importa.

5. Espere sorpresas, buenas y malas. Lo único que usted puede prever es que habrá siempre resultados absolutamente imprevisibles. En las raras ocasiones en que todo resulta como lo planeó, es porque usted pagó a alguien un montón de dinero para hacer que algo funcione.

6. Las cosas se complican a medida que pasa el tiempo. Piense lo que piense acerca de cuál será el resultado de sus opciones —un hecho, una relación, lo que sea— dé por sentado que la sencillez siempre será la primera víctima.

7. Hay más posibilidades de que las cosas puedan andar mal en lugar de bien. Los problemas, los obtáculos y los inconvenientes son cosas que suceden. Las desilusiones también.

8. Las empresas de más éxito se montan con saliva y goma de mascar. En el mundo real uno no puede asegurar todo antes de poner en práctica una decisión. Los buenos tomadores de decisiones ajustan los defectos de sus decisiones mientras siguen avanzando.

9. Usted necesitará mucha ayuda. Como sucedió con las Pirámides egipcias, la Muralla china, en toda gran empresa es necesaria la ayuda y la participación de mucha gente. Usted necesita tener a bordo a todo aquel que apruebe su decisión.

10. No aparente ser diferente de quien realmente es y no trate de negar lo que realmente quiere. Entre todas la realidades, "usted" y "usted mismo" son las que más debe respetar.

¿Las cosas resultan siempre tal como como dicen estas declaraciones de realidad? Por supuesto que no. A veces uno tiene suerte. Pero si usted quiere apostar a cómo resultarán las cosas, ahí es donde el dinero inteligente pone sus apuestas.

Aferrarse a la realidad

La mayoría de nosotros sabemos esas realidades. ¿Entonces por qué las olvidamos tan a menudo? Si podemos responder esa pregunta, tendremos todo lo que nos hace falta para no ser sorprendidos nunca más. Éstas son las principales razones que ciegan a la gente a realidades que deberían ser fáciles de ver.

No analizan sus supuestos

La mayoría de la gente no se mete en problemas por ignorar literalmente qué es lo real. Se mete en problemas por creer que conoce la realidad, pero se equivoca.

Tomemos a Jim, mi millonario favorito, aquel vendedor de bienes raíces. Tiene la absoluta confianza que proviene de saber que ha tomado muchas buenas decisiones.

Pero nadie es invulnerable. Veamos la decisión que Jim enfrenta en este momento. Está casado con una mujer a la que dejó de amar hace mucho tiempo. Y ahora se ha enamorado de otra mujer.

Jim tiene que decidir con cuál mujer quiere estar. La cuestión clave en la mente de Jim es si esa otra mujer es realmente tan estupenda como parece. ¿Es un diamante o un trozo de vidrio?

"¿Cómo sabes que no le intereresas solamente por tu dinero?", preguntó a Jim su mejor amigo.

Fíjese en la exagerada suficiencia de Jim. "Sé que no es por mi dinero, dijo Jim, porque ella dijo que le encanta el hecho de que yo tenga mucho dinero. Pero no es una persona que haga del dinero el centro de su vida. Así que le creo cuando dice que, por más agradable que sea el dinero, no tiene absolutamente nada que ver con que ella quiera o no estar conmigo. ¡Hasta me ofreció firmar un acuerdo prenupcial!"

Usted tal vez haya oído que cuando alguien dice que no se trata del dinero, se trata del dinero. En el caso de la amiga de Jim, se trataba realmente del dinero. El hecho era que no se había interesado en él hasta que un negocio importante lo lanzó a las altas esferas. Entonces ella empezó a presionarlo para que abandonase a su esposa. Ahí es cuando ella parecía interesarse solamente en las cosas que interesaban a Jim. Todo el mundo lo vio, menos Jim.

Y en realidad su propuesta de firmar un acuerdo prenupcial estuvo acompañada de eternos aplazamientos y tácticas evasivas.

Finalmente se casaron (sin acuerdo prenupcial) y ella lo desplumó.

Jim se arruinó por ser víctima de una de las principales razones porque la gente no respeta la realidad:

Los resultados de ver qué es lo real son demasiado abrumadores o dolorosos; si usted lo ve, tendrá que actuar en consecuencia y usted no quiere porque es demasiado problema.

La ceguera sencillamente es más fácil y menos terrible que enfrentar la realidad.

Para evaluar seriamente a su amiga, Jim tendría que haber enfrentado la posibilidad de perderla, tal vez porque no le gustase lo que podía encontrar, tal vez porque ella podía

Los resultados de ver qué es lo real son demasiado abrumadores o dolorosos; si usted lo ve, tendrá que actuar en consecuencia y usted no quiere porque es demasiado problema.

disgustarse y dejarlo. ¿Qué sería de Jim entonces? Ninguna amiga sensual y cariñosa. Ninguna esperanza de felicidad. Sólo seguir soportando a una esposa aburrida que él detestaba.

Cada vez que esté convencido de que conoce la realidad, de todas formas analícela. Los cuentos de hadas habitualmente no se hacen realidad. Tenga cuidado: cuanto más listo, inteligente y sutil sea usted, más probable es que confunda un cuento de hadas con la realidad. No porque usted sea un tonto, sino porque la confianza en usted mismo lo perjudicará.

Es víctima del halago

Ésta es la segunda causa más común porque la gente no respeta la realidad:

La historia que se presenta es tan halagadora o la situación que está enfrentando es tan seductora, que esa historia o esa situación prácticamente lo hipnotizan y lo llevan a olvidarse de evaluar la realidad.

Éste es sencillamente el caso de Jim, que nunca había sido tratado tan bien por una mujer. Esa mujer lo tentaba con la perspectiva del paraíso. Pero un paraíso muy especial, hecho de halagos. He aquí un profundo secreto: la mayoría de la gente no se siente muy bien consigo misma. Incluso las modelos y los magnates engreídos, arrogantes y jactanciosos. Ninguna droga intoxica más y es más adictiva que el halago. Ninguna droga tiene más probabilidades de cegarnos a la realidad.

La historia que se presenta es tan halagadora o la situación que está enfrentando es tan seductora, que esa historia o esa situación prácticamente lo hipnotizan y lo llevan a olvidarse de evaluar la realidad.

Si usted está enfrentando una decisión y una de sus opciones lo halaga y lo seduce, analícela. Hay ofertas de trabajo que son halagadoras. Puede ser muy halagador que algún colega importante le dé un consejo para invertir. Pero cuanto más lo halaguen, más necesita usted analizar.

Se deja llevar por su propia canción

A Jenny la despidieron la semana pasada, sin ninguna ceremonia. Le dieron una patada en las asentaderas. Y eso en el elegante mundillo financiero de Boston. ¿Qué habrá hecho para merecer ese trato?

Hace miles de puntos Dow, Jenny, a quien le pagaban por manejar activamente los fondos fiduciarios de alguna gente muy rica, había tomado una mala decisión importante: tener acciones era malo. Eran demasiado caras. Arregló las carteras de sus clientes de modo tal que tuvieran poco contacto con las acciones. El dinero en metálico y los depósitos bajo fianza estaban bien, los recursos naturales también. No las acciones.

Está apegada a alguna teoría y actúa como si le interesara mucho más demostrar que esa teoría es cierta que permitir que la realidad verifique su validez.

Durante tres años, mientras todo el mundo estaba haciendo dinero, los clientes de Jenny no fueron a ninguna parte. Sin embargo Jenny no cambió. No veía lo que millones de personas podían ver y apreciar: una historia de liquidez y nuevos paradigmas. Pero la primera lealtad de Jenny no era a la verdad del mundo. Era a su canción que decía que el precio de las acciones era muy alto.

Y eso nos conduce a la tercera razón más común porque la gente no respeta la realidad:

Está apegada alguna teoría y actúa como si le interesara mucho más demostrar que esa teoría es cierta que permitir que la realidad verifique su validez.

Todo lo que Jenny necesitaba hacer era admitir que estaba equivocada, pero eso podía ser terriblemente duro. Tendría que resignar la opinión según la cual ella tenía una percepción especial para el mercado. Tendría que admitir que había perdido años en malas estrategias de inversión para sus clientes.

¿Cómo abandona usted su canción? Consiga una nueva. Le doy un consejo. La mejor es la pasión por descubrir el cambio en la realidad. Dios sabe que no es fácil. Pero si sus creencias no se adaptan a las formas en que está cambiando el mundo, usted y su canción se quedarán rezagados.

Le da pereza

Cuando uno enfrenta una decisión, tiene corazonadas sobre la realidad que le señalan una opción u otra. Para salvarse del desastre, debe analizar si sus creencias le están impidiendo ver la realidad. Si no hace ese trabajo, es por pereza; y sobrevendrá el desastre.

Por ejemplo, usted quiere meterse en publicidad y le ofrecen un empleo en el departamento contable de una agencia publicitaria. Le dicen que continuamente hay gente que es promovida del departamento contable al de creación. A usted le gustaría que eso fuera cierto pero, ¿es cierto?

El enemigo es la pereza. Ésa es la cuarta razón más común porque la gente no respeta la realidad:

En cierto sentido, es más sencillo deslizarse hacia el desastre que ver qué es lo real. Hace falta trabajo para examinar sus suposiciones, hace falta caminar para llegar a los hechos, y es arduo reconstruir su vida cuando usted descubre que una creencia arraigada es falsa.

En cierto sentido, es más sencillo deslizarse hacia el desastre que ver qué es lo real. Hace falta trabajo para examinar sus suposiciones, hace falta caminar para llegar a los hechos, y es arduo reconstruir su vida cuando usted descubre que una creencia arraigada es falsa.

Esto es algo que oirá decir permanentemente a los buenos tomadores de decisiones: "Bueno, deje que vea si es cierto o no". ¿Cómo haría usted eso en la agencia publicitaria? Tiene que hablar con la gente. Tiene que encontrar los nombres de la gente con la que debe hablar. Tiene que llamarla por teléfono. Tal vez deba llamarla varias veces. Todo eso es duro si usted es perezoso.

Pero nada es más duro que tener que enfrentar los resultados de una mala decisión.

No nos gusta ver la realidad porque se siente como un cubo de agua fría sobre un sueño acariciado. Pero ésa es la forma equivocada de tomarlo. Si ahí afuera hay realmente una jungla, ver qué es lo real es su única protección. Es un sistema de alerta precoz del peligro. Es una brújula que le muestra el camino.

Ley n° 23

CONSIGA LO NECESARIO PARA HACER QUE SU DECISIÓN SEA UN ÉXITO

¿Está equipado para llevar a cabo esa decisión?

Tengo buenas noticias para usted. La única razón por la que muchas decisiones salen mal es porque había una pieza importante del equipo, un recurso estratégico, que estaba faltando. Si usted la hubiera tenido, su decisión habría funcionado perfectamente. La única diferencia entre el pan que leuda y el que no leuda es la levadura. ¿Usted sabe cuál es la levadura de su próxima decisión?

La gente se mete en problemas cuando deja afuera un ingrediente clave. Por ejemplo, parecía ser una idea genial. Usted y su amigo iban a recorrer el país en coche. Su vehículo era viejo, pero usted pensó, ¿y qué? Aquí está el qué: su coche dijo basta en el medio de la nada.Y usted no tenía dinero para arreglarlo. Estaba metido en una buena trampa. Sin coche, sin dinero.

Muchas decisiones nos llevan a un lugar como ése. Una decisión no es simplemente programar un viaje en coche, es saber también qué se necesita para que sea exitoso y placentero. Llevar a cabo la decisión desde el principio, en el medio, y hasta el final. Es todo el viaje, no sólo el primer día. Esta ley está formulada para que usted se pregunte:

¿Cómo llevo a cabo mi decisión hasta completarla?

Cuando usted decide hacer algo —ya sea recorrer el país, comprar un perro, emprender un negocio o casarse— usted está decidiendo hacer todas las cosas que intervienen para realizar con éxito esa decisión. La mayoría de nosotros estamos bien equipados para ello.

La gente que toma buenas decisiones recuerda preguntarse qué necesitará para acabar con éxito su decisión, y no acepta respuestas simplistas.

La gente que toma buenas decisiones recuerda preguntarse qué necesitará para acabar con éxito su decisión, y no acepta respuestas simplistas.

Éstas son las clases más importantes de recursos, apoyo y ayuda que la gente necesita para realizar con éxito la mayor parte de las decisiones.

Dinero

Como usted y su amigo descubrieron en la carretera, se necesita dinero suficiente para realizar su decisión hasta el final. La gente que toma buenas decisiones sigue dos pautas simples en lo que respecta a pensar de antemano en el dinero.

- Siempre se ha de pensar en cuánto dinero necesitará
- Siempre necesitará más dinero del que pensó en principio

Digamos que usted quiere comprar una casa en un barrio agradable, en una zona metropolitana importante. Con los típicos pagos de crédito, impuesto a la propiedad y seguro, sus gastos anuales de vivienda podrían ser fácilmente de 50.000 dólares. Ése es dinero que se va antes de meterse en la boca un bocado de comida de un centavo.

La mayoría de la gente que ha comprado una casa últimamente descubrió que hay una enorme distancia entre lo que uno cree que puede afrontar y lo que uno puede afrontar. Cuando sume todos los gastos ocultos, no podrá pagar la casa que a primera vista usted piensa que podría pagar ajustadamente.

La gente que toma buenas decisiones sabe que siempre necesitará más dinero del que creyó al principio.

Por lo tanto, si usted está comprando una casa, por ejemplo, ¿cómo fija expectativas realistas? Primero, reduzca las aspiraciones hasta las expectativas más realistas que pueda imaginar. Luego redúzcalas más todavía, porque aunque las haya recortado al mínimo, sigue dejando afuera gastos importantes que usted ahora no puede imaginar siquiera. Por ejemplo, cuando uno compra una casa nueva casi siempre gasta en muebles y adornos más de lo que había pensado.

La gente que toma malas decisiones en forma recurrente hará un trabajo chapucero al pensar cuánto dinero necesitará. Y antes de darse cuenta estará en problemas.

Ésta es una cuestión sumamente importante a la hora de montar un negocio propio. Cuando se habla de pensar en el dinero, parte de ser muy cuidadoso es considerar cuidadosamente la velocidad con que lloverá el dinero.

Tomemos a Sammy. "Hablé con gente —me dijo—, y todo el mundo me aseguró que conduciría media hora con gusto para ir a un restaurante donde realmente sepan hacer un buen bistec. Bueno, haz un círculo de media hora de coche alrededor de este local que he encontrado y tienes una enorme clientela potencial para Sammy's Steak-n-Stuff."

Hablé con Sammy recientemente; estaba sorprendido por la poca respuesta. "¿Cuánto tiempo se necesita para que la gente descubra que hay un buen restaurante y lo recomiende a sus amigos y empiece a venir a menudo?", me preguntó.

Sammy debería haber verificado sus suposiciones hablando con otros propietarios de restaurantes. Le habrían explicado la diferencia entre clientes potenciales y clientes reales, y cuánto tiempo puede hacer falta para convertir un cliente potencial en un cliente real. Entonces, y sólo entonces, habría podido hacerse una idea correcta de si podía o no construir una clientela antes de que se le agotara el dinero.

El punto es que usted necesita analizar bien cuánto dinero le hará falta para hacer que una decisión suya resulte un éxito; "bien" significa ser sumamente cauto para establecer cuánto es suficiente.

Consejos

La mayor parte de las decisiones que tome lo llevarán a un lugar desconocido. Habrá nuevos desafíos y preguntas que nunca pensó formularse. ¿Quién estará allí para darle buenos consejos?

Contar con buenos consejos es como conseguir buenas indicaciones cuando usted está perdido. ¿De qué otra manera encuentra su camino?

Si alguien me cuenta de un negocio que está iniciando, casi siempre puedo predecir cuánto éxito tendrá preguntándole simplemente, "¿Quién te está asesorando?" ¿Algún contador conocido? ¿Una persona de éxito en un negocio similar? ¿Alguien que represente a proveedores o clientes importantes? Si hay personas como ésas en calidad de asesores, el éxito es mucho más probable que si los asesores son el conocido surtido de amigos y parientes sin experiencia.

Créase o no, esta cuestión tiene fuertes implicaciones en EE.UU. Tomemos a los niños que crecen en los barrios pobres. ¿Cuáles se abren camino y cuáles no? Los datos sobre capacidad de recuperación son categóricos. Los que salen de las profundidades tienen una persona que pueden señalar —un hermano mayor, una abuela, un tío, un maestro, un vecino— que creyó en ellos lo suficiente para aconsejarlos y que demostró preocuparse por ellos lo suficiente para ayudarlos a salir adelante.

Cuando hablamos de decisiones, el no tener buenos consejeros muy probablemente condene al fracaso incluso aquellas decisiones que aparecen magníficas en el papel. Al mismo tiempo, los buenos consejeros pueden convertir en éxito una decisión mediocre.

Sí, ya sé lo fácil que es encontrar razones para avanzar sin depender de buenos consejeros. Son todas esas excusas de "No los necesito/No logro encontrarlos". Son muy seductoras, pero no dude de que los necesita. Y será mejor que los encuentre, de lo contrario fracasará.

Tiempo

Hay dos cosas que llevarán más tiempo del que usted imaginó. Puede contar siempre con ello. Una es buscar. La otra es alcanzar el éxito.

Esto es bueno: ahora usted sabe una sencilla verdad; es fácil actuar en consecuencia. ¿Una de las opciones que está pensando elegir implica buscar? ¿O implica tratar de alcanzar el éxito? Entonces usted ha entrado en la pegajosa zona temporal donde todo lleva un largo tiempo. Procure darse tiempo suficiente para que su decisión se resuelva sola.

Uno de los asuntos en que las personas cometen errores constantemente es en la búsqueda de pareja. No comprenden que encontrar la persona adecuada lleva tiempo. Invariablemente pierden tiempo en salir con gente a todas luces inapropiada; entonces, cansadas y decepcionadas, pierden tiempo tomándose largas pausas en la materia.

La siguiente cosa que saben es que han pasado diez años o más y todavía no encontraron la persona adecuada. Y si no cambian sus pautas pueden perder diez años más.

Los buenos tomadores de decisiones ponen al tiempo de su lado. Uno, nunca pierda tiempo con perdedores. Dos, nunca deje de buscar posibilidades. Tres, conózcase a sí mismo, porque ésa es la única manera de saber quién será realmente conveniente para usted. La gente que hace esto descubre que es el único modo posible de evitar que se nos agote el tiempo para el verdadero amor.

Esperanza y compromiso

Un operador de Wall Street que a los 40 años había hecho tanto dinero que no sabía qué hacer con él, decidió ir a vivir a Tennessee y convertirse en piscicultor. Pero Nashville no es Manhattan, y la piscicultura era aún más difícil que hacer dinero en Wall Street. ¿Y qué? Aquí va el qué. En Nashville, este neoyorquino era un pez fuera del agua. Cuando la piscicultura se transformó en un trabajo duro y desalentador, ¿cómo podía ese sujeto aferrarse a su esperanza y su compromiso si no tenía ningún sistema de apoyo?

La esperanza es valiosa y necesitamos protegerla. Cuando la esperanza se erosiona, perdemos nuestra capacidad de arreglar las malas decisiones o de trabajar para llevar las buenas a buen fin.

Dinero, consejo y esperanza son los grandes recursos que necesitamos cuando llevamos adelante nuestras decisiones. No convierta lo que sería una buena decisión en una mala por no tener los recursos suficientes al empezar.

BUSQUE Y HAGA CASO A UN EXPERTO

¿Está usted asegurándose de confiar en asesores capaces?

Dos de los más grandes monarcas franceses fueron Carlomagno y —casi mil años más tarde— Napoleón. Ambos crearon imperios y se convirtieron en emperadores. Uno murió lleno de años y de honores, en la cima del poder, pudiendo pasar todo lo que había logrado a sus sucesores. El otro murió fracasado, y todo lo que había logrado estaba en ruinas. Uno se rodeó de asesores sabios a los que escuchaba atentamente. El otro no escuchaba a nadie.

Carlomagno fue un general y guerrero reconocido, que tomó buenas decisiones en cada paso del camino. Nunca se comprometió en campañas que no pudiera ganar, y hasta sus interminables batallas contra los sajones fueron productivas. A lo largo de su reinado, Carlomagno se rodeó de los más sabios hombres de su reino y escuchó atentamente lo que ellos tenían para decir.

Napoleón se exigió en demasía, hizo que todos se distanciaran de él, atrajo sobre sí la ira del mundo y causó un daño irreparable al país que supuestamente protegía. Y nadie podía hablarle.

¿Esta ley se aplica a quienes no somos emperadores? ¡Sí! Uno nunca es una persona tan lista que no tenga necesidad de consultar a expertos. La gente que toma malas decisiones confía únicamente en sí misma, o si no consulta a gente que no tiene verdadera experiencia. Sólo porque alguien esté dispuesto a dar consejos no significa que pueda dar buenos consejos.

Las personas que toman buenas decisiones trabajan duro y hacen sacrificios reales para encontrar verdaderos expertos en el área del conocimiento propio de la decisión que necesiten tomar. Tienen la profunda humildad que les sugiere buscar asesores más capaces y con mayor experiencia.

Las personas que toman buenas decisiones trabajan duro y hacen sacrificios reales para encontrar verdaderos expertos en el área del conocimiento propio de la decisión que necesiten tomar. Tienen la profunda humildad que les sugiere buscar asesores más capaces y con mayor experiencia.

Por ejemplo, estoy asesorando a una mujer que es una jueza muy respetada. Es soltera y está tratando de decidir si tendrá hijos sola o no. Hay peligros y dificultades en cada aspecto de esta decisión. Pero mientras ella esté consultando a gente capaz y experimentada (y yo no soy el único experto con el que ella está hablando), podemos confiar en que tomará una buena decisión y que será adecuada para ella.

Más allá de sus amigos

¿Qué hay con los amigos? Ellos son los consejeros a los que casi todos recurrimos primero. ¿Pero son nuestros mejores asesores?

En toda decisión importante, usted necesita un asesor calificado, alguien que sea imparcial, que tenga una amplia experiencia de la vida y que se preocupe genuinamente por su mejor interés. Y necesita a alguien que tenga experiencia de trabajo en la cuestión específica que usted enfrenta.

Ahora diga la verdad. ¿Sus amigos satisfacen esos requisitos?

Por ejemplo, ¿son realmente imparciales? Puede que sus amigos sean desinteresados, pero quizá, como los míos, tengan una cantidad de teorías a las que se aferran. Uno de mis amigos piensa que está mal hacer algo por dinero. Mencione el tema de ganar más dinero como una de sus prioridades y él le recomendará de inmediato otra cosa. Otro de mis amigos siempre dice: "Vé tras él". No tiene arreglo.

No estoy diciendo que nuestros amigos siempre sean parciales en todo. Sólo estoy diciendo que, a la hora de hacer de consejeros, nuestros amigos muchas veces tienen prejuicios ocultos que les dificultan ver qué es lo mejor para nosotros.

¿Y qué hay con preocuparse por su mejor interés? En esto también se debe ser cuidadoso. Estoy seguro de que sus amigos tienen las mejores intenciones del mundo. Pero una decisión importante muchas veces cambia sus vidas tanto como cambia la de usted. Si usted está decidiendo si se mudará o no a otra ciudad, su amiga quizá tenga muchas razones para querer que usted se quede. (¡También podría tener muchas razones para querer que usted desaparezca!). Si está pensando en divorciarse, su amiga podría querer que usted esté presente en su vida más como parte de una pareja que como una persona soltera. Podría incluso no tener conciencia siquiera de esa parcialidad. Pero podría haber un claro conflicto de intereses entre lo que es bueno para usted y lo que es bueno para ella.

Los amigos son lo mejor en la vida. Usted asegúrese de tener los verdaderos expertos que necesita.

Emplear expertos

¿Qué es un experto? ¿Adónde debe ir cuando necesite un experto?

Suponga que teme que usted o alguien a quien quiere tenga cáncer de mama. Un experto no es alguien que una vez tuvo cáncer de mama. Probablemente tampoco lo sea su ginecólogo. El experto es la persona más imparcial, más altamente calificada y más reconocida que usted pueda conseguir a la hora de enfrentar su problema específico. Busque al mejor experto que se pueda hallar.

Y procure hablar con más de un experto. Mucha gente teme hacer esto porque tiene miedo de confundirse. Pero conseguir más opiniones expertas le servirá para varias cosas:

Primero, si los expertos están de acuerdo, usted puede sentirse seguro de la decisión a tomar.

Segundo, si todos dicen cosas diferentes (en general no es así), entonces usted sabe que realmente puede tomar su propia decisión.

Tercero, escuchando lo que ellos consideran importante y las preguntas que formulan, usted aprenderá a pensar como un experto; eso le ayudará a tomar una decisión mejor.

Conozco a una mujer —una muy buena tomadora de decisiones— que se hizo una mamografía de rutina en la cual el primer radiólogo vio unas manchas llamadas microcalcificaciones. "Estas manchas podrían ser un signo de algo que quizá fuera precanceroso", le dijo.

En lugar de aterrorizarse, la mujer buscó la opinión de especialistas en cáncer de mama. Primero fue a ver a un par de cirujanos de renombre nacional. Ambos le dijeron que debía someterse a una operación. "¿Por qué?", preguntó ella. "Así no se preocupará más", le dijeron los cirujanos.

Algo no cerraba del todo. Le estaban dando razones psicológicas para una decisión médica. Pero los cirujanos están entrenados para actuar. Esta mujer se dio cuenta de que el problema no era qué hacer, sino saber qué estaba pasando. Necesitaba un especialista, no un cirujano. Fue a ver al mejor radiólogo de la ciudad.

Éste le dijo: "Vea, probablemente no sea nada, pero aunque sea algo, es altamente probable que sea algo de desarrollo muy lento. Así que es mejor que lo observemos y esperemos. No tenemos nada que perder." Eso hizo ella. Las microcalcificaciones resultaron no ser nada.

Por lo tanto encuentre un experto, y asegúrese de encontrar el experto adecuado. Luego confíe en él.

Cuando usted se mete en el camino

La persona que se siente mal consigo misma se molesta porque el peso de la opinión de un experto la reduce a la mínima expresión. Si el otro es un experto, significa que uno no es un experto. La experiencia de la otra persona puede sentirse como un desprecio.

Revise su historial. Si puede admitir que tiene antecedentes de evitar a los expertos, probablemente sea porque usted se siente menoscabado ante la presencia de ellos.

Usted no es el único. Pero resolvamos este asunto. La principal razón por la cual la gente se siente mal consigo misma es porque ha tomado más malas decisiones de las que corresponde. Evitar a los expertos lo llevará a tomar más malas decisiones todavía. Considérelo de este modo. Por supuesto que los expertos a los que usted consulte serán más capaces y más entendidos que usted, y por eso es que los grandes tomadores de decisiones de todo el mundo buscan expertos así. ¿No se merece usted lo mejor?

Siempre oirá decir a la gente que toma buenas decisiones, "Hablé con algunas personas y realmente recibí buenos consejos". A la hora de llevar el barco Qué Demonios Debo Hacer entre los arrecifes de la vida, la gente que toma buenas decisiones hace subir a bordo a tanta gente capaz como pueda. Y escucha lo que los expertos tienen que decir.

Ley n° 25

MANTENGA LA MENTE ABIERTA

¿Está atrapado en actitudes que le impiden ver qué es lo mejor para usted?

Permítame contarle de una buena mujer que tomó una mala decisión que mató a su bebé. Si entendemos en qué se equivocó esta mujer bien intencionada, podemos regalarnos una vida de buenas decisiones.

Cuando Sally, de 41 años, quedó embarazada, estaba excedida de peso y encajaba en la categoría de alto riesgo para tener un primer niño. Un prestigioso obstetra de Boston le dijo que los riesgos podían manejarse si ella se cuidaba y seguía las indicaciones.

Pero Sally creía en la medicina alternativa y desconfiaba del *establishment* médico. Se le ocurrió lo que creyó que era una idea mucho mejor: tendría a su hijo en casa, donde podía asistirla una partera amiga de ella.

Sally tuvo un parto retrasado y muy prolongado. Estuvo en su casa hora tras hora con la partera, su esposo, amigos, música e incienso. Finalmente, sus amigos preguntaron si el feto estaba bien. La partera escuchó con su estetoscopio —ése era todo el equipo que tenía— y dijo que seguía oyendo los latidos.

Sally no contemplaría ninguna sugerencia sobre ir a un hospital. Cuando su esposo empezó a rogarle que lo considerara, Sally le dijo que si él pensaba ponerse loco, haría mejor en marcharse.

Y el parto continuó. Obviamente Sally se estaba quedando agotada. Entonces la partera entró en pánico. Advirtió que los latidos del feto eran cada vez más débiles. De repente sintió que la situación la superaba y se dio cuenta de que había muy poco tiempo para llevar a Sally a un hospital, donde probablemente le harían una cesárea de emergencia.

Más tarde, los médicos determinaron que el bebé había muerto antes de que la ambulancia llegara al hospital.

A Sally le era difícil admitir que su mala decisión costó la vida de su hijo. En su versión, el niño no quiso nacer.

La historia de Sally es un triste caso que puede pasar cuando nuestras actitudes distorsionan nuestro pensamiento. Uno se hunde y puede arrastrar consigo a seres que ama.

Atrapado en sus actitudes

Toda decisión que usted toma en la vida se basa en creencias acerca de cómo funciona el mundo. Si sus creencias tienen una base más o menos sólida y real, le irá bien. Pero de vez en cuando usted y yo tenemos en la cabeza algunas ideas descabelladas y caprichosas que son más peligrosas todavía porque, al mismo tiempo, parecen muy perspicaces y correctas.

Habitualmente, se puede decir que usted está atrapado en alguna actitud que lo meterá en problemas si la misma es su regla general incuestionable. Tomemos una regla general particularmente peligrosa: seguir siempre el dictado de su corazón. Usted no se ha ganado el derecho de usar eso como regla general si no ha considerado seria y respetuosamente la alternativa: seguir siempre el dictado de su cabeza. Y si no ha considerado la alternativa de seguir a ambos, su corazón y su cabeza.

Todos conocemos gente así, que se subió a una creencia simple y llegó hasta el borde del abismo y algo más. Éstas son algunas muestras, sólo de gente de mi círculo de amistades.

Está el hombre que se convenció de que a uno no le puede ir mal si invierte en los mercados emergentes. Ahí es donde está la acción. Ellos son nuevos, nosotros somos viejos. Fin de la historia.

Como pasa con muchas frases hechas, ésta también tenía un costado cierto. Pero ni siquiera puedo empezar a enumerar la cantidad de leyes que este sujeto estaba infringiendo con su eslogan. Para tomar solamente tres, no estaba mirando adelante para ver cómo se desarrollarían realmente las realidades económicas en los mercados emergentes. No estaba haciendo lo que necesitaba para sentirse seguro. Y no estaba aceptando la forma en que funcionan las cosas en realidad.

Está la mujer que no aceptaría una terapia de reposición de hormonas después de la menopausia, aunque ella encajaba en el grupo de bajo riesgo de cáncer de mama, en el grupo de alto riesgo de cardiopatías y tenía muchos síntomas dolorosos e inquietantes. Pero esa terapia no era "natural". Y ésa era su actitud —"lo natural es bueno"— y así fue cavando la fosa de su matrimonio. El problema no fue solamente que sus síntomas fueran demasiado fuertes para enfrentar para un matrimonio que ya estaba tambaleando. El problema fue que su completa falta de voluntad para hablar razonablemente sobre su decisión terminó por convencer a su esposo de que no podía tratar con ella.

La cantidad de ejemplos que hay como éstos le sorprendería. Un empresario amigo suyo no renunciará a su creencia en una tecnología obsoleta; por lo tanto su negocio va al fracaso. ¿Usted cree que los tecnoempresarios listos están más allá de esas cosas? Yo vi al legendario Ken Olsen, de la famosa Digital Equipment, golpear la mesa mientras explicaba por qué nunca habría necesidad ni mercado para las computadoras personales. Eso fue sólo hace quince años.

Encontrar sus creencias perjudiciales

Deje ya mismo de pensar que las creencias raras y caprichosas son algo que sólo se aplica a los demás. Le ruego que considere la otra posibilidad: que sin darse cuenta usted se haya dejado llevar al fracaso por alguna actitud. Recuerde algunas de sus malas decisiones. Escoja una. Le apuesto que uno de los factores que lo condujo a ese callejón sin salida donde lo asaltó la realidad fue alguna actitud que usted no había analizado y que no tenía en realidad mucho sentido común. Debajo de ella había alguna idea descabellada.

Tal vez usted empezó una relación con alguien y resultó ser un desastre. Ese alguien era una persona difícil, pero usted pensó que al estar con usted se corregiría. Allí hay una conocida canción encubierta. El amor todo lo puede. El amor es un remedio mágico. El amor cambia a la gente.

Cada vez que usted habla de lo que lo llevó a tomar una mala decisión y dice algo como: "Bueno, yo esperaba..." o "Bueno, yo pensé que..." o "Es que tenía miedo de...", probablemente se esté refiriendo a alguna creencia que usted tenía y no era cierta o sencillamente no se aplicaba a esa situación.

¿Cómo se protegerá usted de eso en el futuro?

Seguro contra actitudes

Usted necesita un seguro; el problema es que al tomar una decisión usted no podrá ver de qué manera lo están limitando sus actitudes. Si es una decisión lo bastante importante como para preocuparlo, entonces es importante que llame a una reunión de su gabinete de la casa... ¿Cómo? ¿Que no tiene un gabinete de la casa?

Yo creo que sí. Sólo estoy hablando de la gente más sensata y lista en su círculo de amistades. Pídales que cuestionen su decisión. Lo más importante, pídales que cuestionen sus razones para tomar esa decisión.

Eso es lo que hace la gente que toma buenas decisiones. Eso es lo que la gente que toma malas decisiones cree no necesitar o estar demasiado ocupada para hacer.

Los amigos con un poco de experiencia de vida y mucho sentido común, son el único seguro que les permite no ser arrastrados al desastre por ideas insensatas.

Hay una idea que debe tener; es una idea a la que adhiere religiosamente la gente que hace buenas elecciones. Es la idea del aire fresco. Las teorías y canciones crecen y se enquistan en las mentes cerradas. El aire fresco de la opinión informada impide que tomen demasiada importancia.

¿Se acuerda de los temores al Y2K —el "efecto año 2000", que provocaría un colapso en los sistemas informáticos— que tanto atormentaron a alguna gente? Había bolsones de verdadero pánico al Y2K entre algunos grupos sociales. No sólo los derechistas fanáticos de la supervivencia refugiados en Montana. Mi suegra, en Florida, vivía en un edificio de apartamentos lleno de hombres y mujeres de edad que sacaban su dinero del banco para comprar cajas de latas de atún y agua embotellada. Todos hablaban de cómo el Y2K iba a poner al mundo de rodillas. Pero no había nada de verdadero aire fresco, no hablaban con nadie que tuviera otras ideas.

Recuerdo que yo mismo no sabía qué pensar. Pero abrí las ventanas y hablé con toda la gente experta en información que pude. En particular, con personas que no estaban trabajando de asesores en la cuestión del Y2K. La mayoría creía que podría haber un par de inconvenientes, tal vez algún problema técnico pasajero un poco más serio aquí y allá, pero que no ocurriría nada importante ni grave.

¿Y quién tuvo razón al final?

No tome una decisión hasta no haber aireado sus razones para tomar la decisión. Toda creencia debe ser sometida a superar la prueba del aire fresco. Y eso significa dejar que cuestione sus creencias gente que tenga ideas y puntos de vista diferentes de los suyos: cuanto más importante sea su decisión, tanto más importante es que usted hable con gente que desafía su sistema de creencias.

Yo sé que es difícil. Cuanto más convencido esté usted de alguna creencia en algo, tanto más sentirá que hablar con gente de otra opinión es una pérdida de tiempo. Pero se habrá ganado el derecho de decir eso cuando haya aireado sus creencias y las haya cotejado con la opinión de otras personas. Sólo entonces podrá saber que está a salvo de los errores fatales que uno comete al usar anteojeras.

OCÚPESE DE LO BÁSICO

¿Su decisión tendrá en cuenta sus necesidades básicas?

No importa lo que decida, asegúrese de cuidar sus necesidades, responsabilidades e intereses básicos.

No importa lo que decida, asegúrese de cuidar sus necesidades, responsabilidades e intereses básicos.

Napoleón no hizo eso. Si hubiera consultado a su madre acerca de la invasión a Rusia, estoy seguro de que ella le habría dicho: "¿Pero qué comeréis tú y tus muchachos? ¿Tendréis abrigo suficiente cuando llegue el invierno?"

¿Qué son las necesidades básicas?

Cuando hablo de necesidades básicas, estoy hablando de dormir lo suficiente, de tener dinero en el banco, de tener cerca a la gente que uno ama y necesita, de cuidar la salud.

Los buenos tomadores de decisiones se concentran en sus necesidades básicas para hacer que se produzcan cosas positivas. Un arquitecto fantaseaba con la casa en la quería vivir, pero recién estaba empezando su carrera y acababa de formar familia. No tenía mucho dinero, por lo que alquiló un apartamento barato en la ciudad para ahorrar en viajes al trabajo. El tiempo que ahorró lo ayudó a impulsar su carrera. El dinero que ahorró lo ayudó cuando llegó la hora de montar su propio negocio. Ahora vive en la casa de sus sueños, porque hizo lo que necesitaba hacer cuando era el momento.

Esta ley dice que cada vez que usted esté por tomar una decisión importante, y antes de dejarse llevar por sueños y posibilidades, analice y pregúntese primero cómo su decisión afectará las necesidades e intereses básicos de su vida.

Por qué olvidamos lo básico

La señal más clara y reveladora de un deterioro en la humildad no es la arrogancia. Es el creer y explicar que alguno de los intereses u obligaciones básicos ya no se aplican en nuestro caso.

Por ejemplo, todo el mundo sabe que todo el mundo debe pagar impuestos. Pero alguien a quien conozco, que se negaba a pagar sus impuestos, elaboró un plan para no ser atrapado: organizó su vida para operar únicamente con dinero en metálico. "Si no apareces en las pantallas —razonó—, el organismo recaudador no podrá encontrarte". Pero entonces vendió un guión en Hollywood por 70.000 dólares. Un contador le aclaró que debería presentar una factura y declarar ese ingreso, cosa que hizo. Por supuesto, el organismo recaudador comenzó a investigarlo.

Si usted está tomando una decisión que implica dinero, en la forma que sea, no arriesgue un centavo de lo que necesita para vivir. Por ejemplo, la gente inteligente monta negocios con el dinero de otras personas. Todo negocio que empieza es arriesgado. Hay mucha competencia por ahí, y no existe tal cosa como una idea a prueba de incendios.

Antes de tomar una decisión, haga un inventario de lo básico. Anote las cosas básicas de su vida. ¿Cuánto dinero necesita? ¿Quiénes son las personas importantes en su vida? ¿Cuáles son sus responsabilidades? ¿Tiene problemas de salud de los que debe ocuparse?

Luego pregúntese qué efecto tendrán las opciones que está considerando sobre esas cuestiones básicas.

Toda opción que descuide lo básico es mala, por atractiva y seductora que sea. Toda opción que contemple lo básico merece respeto.

ALGUNAS DE LAS COSAS QUE USTED "SABE" QUE SON INCORRECTAS

¿Ha verificado su información?

Recientemente, la NASA perdió una sonda en una multimillonaria misión a Marte porque, en algunos de los datos, un grupo de científicos estaba usando el sistema inglés de medidas mientras otro grupo estaba usando el sistema métrico. Cosas como éstas suceden constantemente. Uno da por sentado que conoce los hechos. Pero no verifica. Otra decisión que podría ser buena se va por el sumidero.

No hay protección permanente contra ese error. La gente que toma buenas decisiones al menos es consciente de lo fácil que es equivocarse con los datos en los que más confía. Una de las mujeres más inteligentes que conozco me dijo una vez: "Cuanto más importante es una decisión, tanto más apuesto a que hay algo que estoy dando por sentado que se dará vuelta y me morderá el trasero si no lo verifico".

Usted debe descubrir qué datos deben ser ciertos para que su decisión resulte bien, y después verificar cuidadosamente esos datos.

Usted debe descubrir qué datos deben ser ciertos para que su decisión resulte bien, y después verificar cuidadosamente esos datos.

La humildad todo lo puede

Adam, un joven que había heredado dinero suficiente para montar un negocio, vino a verme con la idea de una editorial de libros para niños. Serían libros para lectores disléxicos.

Le pregunté, con la mayor discreción, si creía que sus libros serían de interés para padres e hijos.

Como un buen hombre de negocios, Adam había hecho muchos deberes. Sabía cuántos niños disléxicos hay en Estados Unidos. Incluso había hecho un pequeño sondeo entre padres de niños disléxicos, preguntándoles si comprarían libros para sus hijos. Adam pensaba que la demanda de libros dirigidos a niños disléxicos era grande. "Mira, aunque solamente el 25 por ciento de los niños disléxicos lea mis libros, dijo, seguiría siendo un éxito increíble." Adam estaba tan seguro de haber verificado todo como lo estaba Coca Cola cuando dijo que su investigación de mercado multimillonaria demostraba claramente que la gente prefería la nueva Coca a la Coca Cola clásica.

La pregunta es ésta: ¿Adam había verificado realmente sus datos?

La gente había dicho que estaba interesada. Y sin duda parecía haber un mercado potencialmente grande. Pero a menudo, cuando hacemos grandes planes, los mismos se basan en suposiciones estrechas. La gente que toma buenas decisiones localiza con exactitud la suposición que necesita verificar. En el caso de Adam, él necesitaba verificar si toda esa gente que parecía tan interesada realmente se entusiasmaría tanto con sus libros como para comprarlos en gran cantidad.

Adam nunca lanzó sus libros. Habló con muchos niños disléxicos sobre la clase de libros que les gustaban. Eran los mismos libros que les gustan a todos los chicos. Los niños disléxicos no querían ser diferentes.

Sea humilde. Sepa que hay muchas cosas que usted no sabe. Verifique tanto como pueda. Si necesita actuar para conseguir información, dé pasos pequeños.

Veamos qué tipo de humildad produce buenas decisiones. Éstas son las voces reales de buenos y malos tomadores de decisiones en distintos aspectos de la vida.

Relaciones

Un buen tomador de decisiones: "Parecemos ser el uno para el otro, y ella tal vez sea realmente la persona perfecta para mí, pero tenemos que tomarnos más tiempo para ver cómo nos llevamos en situaciones de la vida real".

Un mal tomador de decisiones: "Veo cómo me mira y lo que piensan de ella mis amigos. Es perfecta".

Dinero

Un buen tomador de decisiones: "Mira, a los mismos profesionales de tiempo completo les cuesta superar la media. ¿Por qué debo esperar superarlos yo a ellos? Déjame avanzar con precaución; así, si detecto algún problema con una inversión, puedo dejarla rápidamente".

Un mal tomador de decisiones: "Los he visto hablar del mercado en TV mucho tiempo; sé que puedo hacerlo mejor que ellos. Ellos tienen las manos atadas. Yo estoy mucho más libre".

Política del trabajo

Un buen tomador de decisiones: "Mi jefe es realmente amable conmigo; eso crea una atmósfera excelente. Pero, en última instancia, un jefe es un jefe. Él no es mi par, puede despedirme. Así que mejor me cuido mucho de suponer que podemos ser verdaderos amigos".

Un mal tomador de decisiones: "Mi jefe realmente me agrada; entre nosotros nos contamos todo".

En cada uno de estos tres ítems, el buen tomador de decisiones nunca da por sentado lo que sabe. El malo supone que puede ver a través del agua hasta el fondo del mar.

Todos tomamos decisiones porque hay datos que creemos ciertos. Pero algunos datos son absolutamente cruciales para el éxito de nuestra decisión, y algunos de esos datos no son realmente ciertos. Verifique todos los datos importantes en los que se apoye su decisión.

NO HUYA DEL RIESGO

¿Sabe cuáles son los riesgos y cómo protegerse?

¿Debo o no debo comer este pastelillo? ¿Debo ponerme una corbata roja o una azul? ¿Debería vender mi negocio a esa gente que me promete que seguiré administrándolo?

Tomar una decisión es correr un riesgo. Aunque usted crea que está eligiendo entre dos opciones seguras, siempre está el riesgo de elegir la menos conveniente y lamentarse después.

La gente que toma malas decisiones no ve los riesgos, ignora los riesgos que ve o se queda paralizada ante el riesgo.

La gente que toma buenas decisiones maneja el riesgo. Ve cuáles son los riesgos y encuentra la forma de protegerse.

Así es como hace.

Empiece por entender que el riesgo es algo que se puede manejar. Si usted alguna vez se acordó de llevar un paraguas por la mañana cada vez que oyó que podría llover, entonces sabe acerca de manejar el riesgo. Está todo allí, adentro de usted.

La gente que toma buenas decisiones maneja el riesgo. Ve cuáles son los riesgos y encuentra la forma de protegerse.

Julia, a los 45 años, era una de las pocas ingenieras ténicas entre las mujeres de su generación. Hacía poco había sido despedida en una compañía que hacía plaquetas de memoria para computadoras. Entre algunas acciones y bonificaciones, más una herencia reciente recibida a la muerte de su padre, tenía unos 200.000 dólares ahorrados. La cuestión que enfrentaba era qué hacer con el dinero.

Julia era divorciada, con dos hijos adolescentes, y odiaba ser ingeniera técnica. Las acciones de empresas tecnológicas estaban por las nubes, y Julia leía constantemente sobre el dinero que estaba haciendo la gente, la clase de dinero que a ella le gustaría hacer. Pero sentía que el dinero que tenía en el banco era todo lo que se interponía entre ella y el desamparo.

Julia decidió entonces hacer una lista mental para evaluar sus riesgos. Esto es lo que ella hizo, y lo que usted también puede hacer.

Manejo del riesgo

1. Saber qué necesita realmente

Un miedo es una necesidad. En lugar de ser controlado por sus miedos, piense cuidadosamente qué es lo que más necesita, y deje que su necesidad más importante determine cómo manejará usted sus riesgos.

Julia temía perder su dinero, y necesitaba dormir de noche. Tenía que criar a sus hijos adolescentes y sentía que a su edad no podía confiar en el mercado laboral.

2. Obtener algo a cambio por asumir un riesgo

Ser compensado por asumir un riesgo es uno de los principios fundamentales del capitalismo. Julia sabía eso y se hizo una pregunta muy inteligente. "Supongamos que pongo todo mi dinero en esas acciones de alta tecnología. ¿Cuánto rinden la mayoría de esos fondos de inversión? ¿Es más de lo que uno obtiene con una cuenta en el mercado bancario?"

Julia necesitaba sentir que le pagarían por su problema. La cuestión que todos debemos enfrentar es cuánta retribución por cuánto problema.

Imagínese cuatro canicas en un cuenco; tres blancas y una negra. Usted tiene los ojos vendados. Si saca una de las canicas blancas, no gana nada. Si saca la canica negra, gana un millón de dólares. Las posibilidades de ganar un millón de dólares son de 1 en 4, el 25 por ciento.

¿Cuánto pagaría por jugar ese juego una sola vez? ¿Un dólar? ¡Por supuesto! Si pierde, ¿qué importa? Sólo está apostando un dólar.

¿Pero gastaría usted doscientos mil dólares, la suma de los ahorros de Julia? Ésa es una pregunta difícil.

Eso es lo que Julia enfrentaba. El mercado de valores venía subiendo a una tasa del 25 por ciento. Pero ella sentía que podía perderlo todo.

De modo que los beneficios esperados no eran una paga suficiente para ella. Demasiada incertidumbre y demasiado poca esperanza de una compensación suficientemente importante para justificar esa incertidumbre.

3. Asegúrese de tener una salida

Saber dónde están las salidas y que uno puede llegar a tiempo a las salidas, es esencial para sentir que el riesgo es manejable. Julia pensó de repente, ¿esta cuestión de perderlo todo es real? ¿Cuántas inversiones descienden realmente a cero? Si el mercado empieza a caer, puedo vender antes de perder mis 200.000 dólares.

4. Asegúrese de observar la situación

Mientras Julia pensaba acerca de las salidas, se dio cuenta de que tenía que observar qué pasaba en el mercado, pero no estaba segura de cómo hacerlo ni de cómo predecir un giro indeseable de los acontecimientos.

5. Asegúrese de tener la información que necesita

Julia se formuló la pregunta adecuada. "¿En qué me fijaría exactamente si observara la situación?"

Julia encontró la información que necesitaba en un lugar sorprendente. Preguntó por los nombres de algunos fondos de inversión sólidos y que andaban bien, que invertían en compañías seguras. Luego hizo de cuenta que había invertido su dinero en uno de esos fondos y siguió el desarrollo durante un par de semanas. Los mercados fluctúan; hubo días en que Julia perdió un par de miles en su inversión imaginaria. Pero como ésos eran fondos que invertían en empresas sólidas y seguras, tal vez aburridas, el dinero que perdió fue menos que el que habría perdido si hubiera invertido en un fondo de indexación.

Entonces se preguntó cómo se sentía por esas pérdidas, porque ésa era la información que necesitaba. En realidad, estaba mucho menos contrariada de lo que había pensado. Se dijo a sí misma, "Sé lo que ha hecho este fondo de inversión, y conozco la clase de compañías que lo integran. Es el mejor de América. Las pequeñas fluctuaciones no me molestan aquí".

De pronto, invertir en fondos de inversión seguros —manejados de manera conservadora y que daban un poco de rédito por algo de seguridad— pareció una cosa perfectamente manejable de hacer. Pero Julia todavía no estaba del todo cómoda, y se obsequió a sí misma otro poco de sabiduría.

6. Asegúrese de conocer el riesgo de no hacer nada

Pese a todos los temores que Julia expresaba por lo que podía pasarle a su dinero, algo le estaba pasando a su dinero en ese mismo momento. En el banco, Julia estaba sacando un interés apenas más alto que la tasa de inflación. Hizo la cuenta: a la tasa de inflación corriente, en veinticinco años sus 200.000 dólares casi no habrían crecido. Se preguntó cómo se sentiría con eso. La sencilla respuesta fue no muy bien.

No hacer nada también es arriesgado. Y cada vez que usted enfrenta una decisión, está contemplando una de las opciones, que es seguir en el camino en el que está, que es no hacer nada. No habrá empezado a manejar el riesgo hasta no haber calculado el riesgo de no hacer nada.

Finalmente, Julia puso 175.000 dólares en un par de fondos de inversión seguros y mantuvo el resto en un depósito bancario. Eso era muy conservador, pero su dinero tendría una posibilidad de crecer.

Por supuesto, no hay nada espectacular en la elección que hizo Julia en definitiva. ¿Pero cómo podría haberlo? Julia no era una inversora espectacular. La gente a menudo confunde la inteligencia y el talento con la capacidad de tomar grandes decisiones. Pero son cosas muy distintas. La inteligencia y el talento le permitirán ver más lejos que otra gente y hacer cosas que otra gente no puede hacer. Pero el mundo de las finanzas, el mundo de los negocios, el mundo de la política y el mundo de la ciencia están llenos de genios que toman malas decisiones y de no-genios que toman buenas decisiones. Sin talento para el dinero, Julia tomó una excelente decisión. No porque fuera a convertirse en millonaria, sino porque sabía qué era importante para ella, sabía qué necesitaba y se aceptó a sí misma. Entonces, usó ese conocimiento para manejar el riesgo y de esa forma poder dormir de noche y sentirse orgullosa de sí.

Que nuestra tendencia sea paralizarnos cuando tenemos miedo no significa que estar inmóviles nos proporcione realmente mayor seguridad. Después de todo, el miedo es una respuesta que nos da la naturaleza para hacernos tomar una decisión. Observe un animal en peligro. Sólo estará paralizado el tiempo suficiente para vislumbrar la que parezca ser la mejor reacción.

Tenga en cuenta las seis medidas para manejar el riesgo y será un mejor tomador de decisiones.

SEGUIR ADELANTE HACE QUE LAS DECISIONES SEAN MAGNÍFICAS

¿Se empeñará usted en perseverar en su decisión?

A algunas personas las intimida la idea de "tomar una decisión magnífica". Se sienten obligadas a alcanzar una pauta de excelencia y perfección que no pueden lograr.

No es necesario intimidarse de ese modo. Por una parte, hace que dejemos de intentarlo. Y eso es desastroso. Por otra parte, como ya ha quedado bien en claro, las actitudes y procesos de pensamiento de la gente que toma buenas decisiones son patrimonio de todos. Cualquiera puede hacerlo.

Eliminemos otra fuente más de intimidación. La que proviene de creer que una decisión magnífica tiene que ser "grandiosa". Mucha gente pierde demasiado tiempo buscando la decisión perfecta. Si no da en el blanco, no le interesa.

La gente que toma magníficas decisiones no opera de esa manera. Trabaja duro para tomar la mejor decisión posible, pero no pierde un minuto esperando que cada decisión sea magnífica. Esto puede sonar paradójico, pero es cierto. La gente que toma excelentes decisiones sabe que la perfección no es posible cuando uno da un salto en la oscuridad.

Asegúrese de poder llevarla a cabo

¿Cómo es entonces que esas personas toman magníficas decisiones cuando, tan a menudo, todo lo que pueden hacer es tomar una decisión razonablemente aceptable, dado el material con el que deben trabajar? Lo hacen empleando la Ley n° 29: Seguir adelante hace que las decisiones sean magníficas. Saben esto:

Una vez que uno ha tomado la mejor decisión posible, debe hacerla funcionar perseverando en ella. Tiene que insistir en esa decisión y continuar haciendo su camino hacia la victoria.

Jason llevaba diez años ganándose la vida como pintor independiente cuando, de repente, se le presentó la posibilidad de trabajar como editor de tiempo completo para una respetable publicación de arte. No le pagarían mucho, pero por cierto era más de lo que ganaba hasta el momento.

¿Debía o no debía aceptar el trabajo? Ésa era la gran decisión de Jason. ¿Qué pasaría si fracasaba en el nuevo empleo? Su frágil ego no podría soportar una cosa así, pero un trabajo seguro como el que le ofrecían no se daba todos los días. Así es como nos angustian las decisiones importantes.

> ***Una vez que uno ha tomado la mejor decisión posible, debe hacerla funcionar perseverando en ella. Tiene que insistir en esa decisión y continuar haciendo su camino hacia la victoria.***

Afortunadamente, la esposa de Jason vino en su rescate. Le preguntó, "¿Cuál trabajo crees poder implementar realmente con mayor éxito?"

Jason analizó una vez más sus opciones y vio que el nuevo trabajo podría poner en tensión a su familia, que al aceptarlo estaría abandonando algo que él sabía que era bueno para hacer algo acerca de lo cual no estaba seguro. Finalmente decidió seguir pintando. Fue una magnífica decisión, porque tuvo en cuenta lo que era importante para él.

Cómo hacer que funcione

¿Cómo seguir adelante con una decisión?

1. Recuerde su visión original

Ésta es la razón número uno porque la gente no persevera. Olvida por qué tomó la decisión. Usted se casa con alguien porque piensa que ese alguien es una persona maravillosa. Ésa es su idea original. Pero después usted gasta su energía tratando de que esa persona cambie. Ésa es una revocación de su idea original.

2. Sea perseverante

Todas las cosas llevan mucho más tiempo de lo que calculamos. Piense en la búsqueda de una cura para el cáncer. Suponga que, hace cincuenta años, el gobierno y el *establishment* médico hubieran dicho: "¿Debemos acaso tratar de hallar una cura para el cáncer? El costo de encontrar una cura será tan grande que tal vez sea mejor destinar el dinero exclusivamente al tratamiento".

Luego suponga que alguien hubiera dicho: "No, busquemos una cura. Somos inteligentes, tenemos dinero y trabajaremos duro. Seguramente podremos eliminar el cáncer hacia 1970 a más tardar".

Inevitablemente, cuando predicciones optimistas como ésta fracasan, generan predicciones pesimistas equivalentes. En este caso, que nunca habrá una cura para el cáncer. (Por eso es que tener un corazón esperanzado y una cabeza prudente es tan importante. La esperanza es buena; de hecho, es absolutamente necesaria. Sin embargo, si no está moderada por la prudencia, las inevitables desilusiones rápidamente convertirán nuestra esperanza en desesperación.)

Pero ya sea que se trate de curar una enfermedad mortal, iniciar una carrera artística, encontrar la fórmula correcta para abrir un restaurante próspero, o tratar de recomponer una relación difícil, la gente que toma buenas decisiones sabe que todo está en seguir adelante, que eso a la larga genera recompensas.

3. Si usted quiere hacer un buen trabajo en lo de seguir adelante, nunca deje de resolver problemas

La mayoría de nosotros nos pasamos la vida solucionando problemas. La noticia aquí es que los problemas que usted enfrenta son de hecho los peldaños de una escalera que usted sube hacia el éxito. El éxito está hecho de problemas resueltos. Si los problemas no vienen a usted, debe tratar de preverlos, porque a la larga vendrán. Eso es solucionar problemas: buscar problemas pequeños antes de que se conviertan en grandes problemas. Eso puede ser bastante molesto, porque una vez que usted trabajó duro para tomar su decisión, le gustaría que la misma se maneje sola.

Suponga que quiere hacer una pequeña inversión en una casa de alquiler. Usted hizo todas las cuentas, y los números salen bien. Un contador con experiencia en inversiones inmobiliarias le dice que es un buen negocio. Usted tiene los ingredientes para una buena decisión, pero no existe un detalle menor que usted pueda ignorar así como así. Si no atiende a esos detalles, su buena decisión podría convertirse en un desastre. Tiene que evaluar a fondo a los actuales inquilinos y comprometerse a evaluar con la misma diligencia a los inquilinos futuros. ¿Molesto? Por supuesto que sí. Pero esa clase de previsión de problemas es la única manera de seguir adelante y hacer que una buena decisión se convierta en una decisión magnífica.

4. Seguir adelante significa obtener información permanente (feedback)

Usted no puede hacer que su decisión funcione a menos que tenga información permanente de qué está yendo bien y qué no. Los buenos tomadores de decisiones buscan intensamente esa información, aún cuando lo que oigan sea crítico y represente problemas. Saben que sólo cuando se tiene esa información se puede seguir adelante y actuar sobre los problemas que podrían arruinar su decisión.

Pero no todos recibimos de buen grado la información. ¿Quién quiere críticas y malas noticias? A veces la gente es tan insegura que siente que la crítica invalidará su decisión. Suponga que usted tiene un nuevo empleo, un trabajo con el que estuvo soñando mucho tiempo. Pero usted está nervioso, porque es un gran paso adelante. Lo único que usted quiere oír de verdad, más que cualquier otra cosa, es que está haciéndolo muy bien. Y en parte esa ansiedad viene de temer que la decisión de aceptar ese empleo haya sido un error.

Éste es un punto en el que los buenos y los malos tomadores de decisiones se separan. A nadie le gustan las críticas. Los malos tomadores de decisiones huyen de la información que temen obtener. Los buenos tomadores de decisiones tragan saliva y dicen, "No quiero ser criticado cuando recién comienzo este nuevo trabajo, pero la única manera de tener éxito en él es obtener tanta información como pueda, tan pronto como pueda".

5. Haga alianzas

A menudo tendemos a guardarnos nuestros problemas para nosotros mismos, porque no queremos que los demás sepan que estamos lidiando con una decisión. Pero una alianza adecuada con la persona adecuada en el momento adecuado —aunque sólo sea una llamada telefónica a un amigo— puede ser todo lo que usted necesita para seguir adelante con su decisión. Piense en sus aliados como coinversores en su decisión, aunque sólo sean amigos que le desean el bien. A ellos les importa, por eso sumarán información y energía para que usted siga funcionando cuando necesita seguir adelante.

Ahora usted tiene lo que hace falta para seguir adelante con una decisión y hacer de la misma un decisión magnífica. Recuerde tener en la memoria su idea original. Ésa es su guía para hacer que todo salga bien.

Sea perseverante. No abandone el balón, aunque sienta que están tratando de quitárselo.

Nunca deje de resolver problemas. El mejor problema es el que usted encuentra antes de que él lo encuentre a usted.

Obtenga información permanente. Todo lo que oiga acerca de sus errores es una oportunidad para corregirlos.

Haga alianzas. La gente que necesita a la gente es realmente la más afortunada. Así es cómo construye su suerte.

TOME DECISIONES PARA QUE LAS COSAS SEAN MARAVILLOSAS

¿Conseguirá usted algo maravilloso?

Todo el mundo toma decisiones para resolver problemas y mantenerse lejos de ellos. La gente que toma las mejores decisiones piensa en la forma de hacer que las cosas sean maravillosas.

Aceptémoslo, la mayoría de nosotros caminamos penosamente, poniendo un pie delante del otro a medida que avanzamos por la vida. Por supuesto, tomar malas decisiones es un peligro real, pero no usar nuestras decisiones para hacer que las cosas sean maravillosas también es un peligro. Y cuando la oportunidad pasa de largo, tal vez nunca vuelva a presentarse. Uno debe estar atento para ver esa oportunidad.

Todo el mundo toma decisiones para resolver problemas y mantenerse lejos de ellos. La gente que toma las mejores decisiones piensa en la forma de hacer que las cosas sean maravillosas.

En la experiencia concreta de tomar una decisión, hay una oportunidad que la mayoría de la gente no sabe que existe. Yo llamo a eso "la puerta de la decisión".

Digamos que usted tiene una casa y no le interesa en absoluto mudarse. Está muy a gusto con las cosas del modo en que están. Entonces sucede algo. Por ejemplo, consigue un nuevo empleo. O gente muy desagradable se muda a la casa vecina. De pronto, se le presenta la posibilidad de cambiar de casa. Antes de darse cuenta, usted está mirando casas en otro barrio.

La puerta de la decisión se cerró. Usted se excluyó de un mundo de maravillosas posibilidades que nunca supo que existieran. Podría vivir en cualquier parte, en cualquier tipo de casa, comprarse una granja o vivir en una casa flotante. Podría tomar el dinero que está gastando en una casa grande y conseguir dos bonitas casas más pequeñas. Podría alistarse en los Cuerpos de Paz.

La puerta de la decisión es ese momento en que uno todavía es libre de preguntarse, "¿Qué sería maravilloso en esta situación y qué puedo hacer para que suceda?". Y la puerta de la decisión es preciosa porque estrechamos demasiado pronto nuestra búsqueda de lo que es accesible. Lo maravilloso se pierde en el camino.

Tomemos las carreras laborales. Cuando usted empieza a enviar currículas, la puerta de la decisión está cerrada a su espalda. Usted está buscando trabajos que puede conseguir. Al menos debería hacer eso, porque si envía currículas para empleos que sólo son posibilidades remotas, es probable que se halle en problemas. Pero nunca es demasiado tarde para preguntarse, cuando se trata del trabajo, "¿Cuál sería una manera maravillosa de pasar el siguiente período de mi vida? ¿Qué trabajo sería un sueño hecho realidad?".

A la caza de resultados maravillosos

Hay muchas maneras de distraernos de pensar en lo maravilloso. Por ejemplo, la marina tiene un eslogan: Únase a la marina y vea el mundo. Ese eslogan es bueno para ellos porque necesitan gente para los barcos a la que puedan cambiar de un destino a otro. Unos años más tarde usted ya vio el mundo y entonces, ¿dónde está? Suponga que usted dijera, "Ver el mundo es algo bueno, pero ¿qué sería maravilloso?" ¿Ser un almirante? ¿Convertirse en oceanógrafo? ¿Tratar de entrar a la CIA? ¿Conseguir una carrera que lo ayude a ganarse la vida durante el resto de su vida?

El punto es, sin embargo, que cuando usted está en la puerta de la decisión, antes de firmar con la marina y descartar muchas de sus opciones piense primero qué sería maravilloso para usted.

Considere la vida cotidiana en el mundo de las empresas. La mayoría de la gente que trabaja para corporaciones en realidad haría otra elección si dijera de entrada, por ejemplo, "Quiero ser director ejecutivo y manejar todo el asunto".

¿Usted cree que no hace diferencia empezar apuntando alto?

La revista *Working Woman* —prestad atención, muchachos, porque esto también se aplica a vosotros— acaba de publicar un artículo sobre mujeres que están a punto de convertirse en directoras ejecutivas. ¿Qué las llevó a la cima? ¿El talento? ¿El trabajar duro? Olvídelo. La mayoría de la gente tiene talento y trabaja duro. Fue esta ley la que hizo el truco.

Esas mujeres del artículo llegaron a la cima porque cuando estaban en la puerta de la decisión optaron por trabajos ejecutivos en los que no sólo estaban a cargo de algo sino que debían demostrar una utilidad. Descartaron esos puestos de mando medio que no las colocaban en posición de llegar a la cima.

Si una decisión es lo bastante importante como para preocuparse por ella, entonces usted merece prever algo maravilloso que se desprenda de la misma. Eso es lo que los buenos tomadores de decisiones tienen presente. Eso es lo que los malos siguen olvidando.

Un hombre que conozco estuvo quince años luchando para escribir la gran novela norteamericana. Rara vez llegaba a sumar material porque se pasaba el tiempo tratando de resolver qué quería decir en realidad. Todo el asunto era demasiado indulgente consigo mismo y muy disperso.

Pero el verdadero problema era que no estaba pensando en algo maravilloso; él sólo quería escribir un libro. Veamos cómo logró revertir las cosas. Se preguntó a sí mismo, "¿Qué tal si escribo un bestseller?". Bueno, la verdad es que para escribir un éxito editorial sólo hay que escribir un libro que atraiga a un porcentaje muy pequeño del público comprador de libros en Estados Unidos. Si uno escribe un libro, por ejemplo, que sea comprado por el uno por ciento de los norteamericanos adultos, habrá producido un *bestseller* realmente importante.

Mi amigo consiguió mucho de lo que quería. Escribió su libro, que tuvo éxito, él ganó dinero, y tuvo una posibilidad de escribir otro libro. ¿Fue un éxito de ventas? Casi.

Pero no es eso para lo que está pensada esta ley; su objetivo no es hacer que cada detalle de nuestros sueños se convierta en realidad. Su objetivo es obtener más cosas maravillosas que las que uno pensó que obtendría, ciertamente más que las que uno habría obtenido si tan sólo seguía caminando penosamente, esperando que algo más o menos decente sucediera.

¿Es seguro apuntar alto?

Esta historia de apuntar alto tiene otro aspecto. Es el miedo a la desilusión que uno advierte en mucha gente. Todos hemos tenido esperanzas que se hicieron añicos. Sueños que nunca se hicieron realidad, por mucho que lo hayamos intentado.

Y la desilusión duele. Por lo tanto, parece más sabio evitar exponerse a la desilusión. Parece haber una especie de descarnada sabiduría callejera en decir: "Sé realista. Más vale pájaro en mano que ciento volando".

¿Cómo concilia usted el realismo con la búsqueda de algo maravilloso? Concilia ambas cosas aportando una actitud realista a su búsqueda de algo maravilloso. Apunte alto, pero no quede atrapado en su propia exageración. En verdad, uno no apunta alto porque esté esperando acertarle a la luna. Cualquiera que cuente con que todos sus sueños se harán realidad es un tonto chiflado. Pero medio sueño hecho realidad es mejor que ninguno.

Algunos malos tomadores de decisiones son demasiado poco realistas. Otros quedan paralizados por el miedo a la desilusión. La gente que toma buenas decisiones se pregunta a sí misma cuál podría ser un resultado maravilloso antes de encerrarse en un conjunto limitado de opciones. Y luego permanece abierta en mente y corazón a lo que pueda pasar. Apunta alto y sabe que ésa es la única forma de acercarse un poco a la luna. No se desilusiona cuando sus sueños no se hacen realidad porque sabe que los sueños son solamente combustible para hacer que las cosas buenas sucedan.

Esas personas dicen: "Estoy en el camino en el que pasan cosas maravillosas. Nunca dejaré de preguntarme qué creo que será maravilloso. Nunca dejaré de basar mis decisiones en mis sueños. Nunca dejaré que la desilusión me impida ver lo lejos que me han llevado mis sueños".

La Ley de lo Maravilloso dice que usted nunca debe echarse a descansar cuando se trata de tomar una decisión. Si puede decir con franqueza a su mejor amigo, "Ésta es una decisión muy importante para mí", no decida hasta no estar convencido de haber generado la posibilidad de obtener algo maravilloso.

NO ES EL FIN,
ES EL PRINCIPIO

He aquí otro secreto de la gente que toma grandes decisiones. Es el mismo secreto que comparte la gente que tiene grandes ideas y la gente que escribe grandes canciones.

El secreto es que usted hace que sucedan grandes cosas cuando hace que sucedan cosas. ¿Quiere escribir grandes canciones? Escriba canciones. ¿Quiere tomar grandes decisiones? Tome decisiones.

Empiece hoy. Decida algo hoy. Tal vez no sea algo trascendental, pero decida algo que le importe. Sólo hágalo.

Y tome otra decisión mañana. Espere estar tomando una decisión bastante importante la semana que viene. Dése un mes para tomar una decisión realmente importante que estuvo postergando largo tiempo.

Sea una persona que toma decisiones. Después de todo, ahora usted sabe que tiene todo lo que necesita para ser un excelente tomador de decisiones. Estas 30 leyes son suyas, no mías. Surgen de la vida, de la mente y del corazón de la gente común. No son ideas exóticas. Son respuestas que usted puede encontrar dentro de sí mismo, porque cada una es algo que usted ya cree. Algo que ya utilizó en otros aspectos de su vida.

Piense en estas 30 leyes como un permiso para ser usted mismo. Mientras se acuerde de no violarlas, le irá estupendamente.

Todo lo que necesita ahora es practicar. Cuantas más decisiones tome, tanto mayor irá siendo su habilidad.

Si por casualidad siente alguna vez una duda, recuerde que usted mismo aporta el ingrediente más importante. A usted le importa tomar buenas decisiones. Ese interés le da las bases para una vida de buenas decisiones.